36

36時間
わたしの
京都観光

12通りの
1泊2日

淡交社

日本の古都にして観光都市、京都。

一日は24時間。二日で48時間。

移動して、寝て食べて、一泊二日で約36時間の旅。

本書では、さまざまな分野で活躍する12名が

それぞれの興味やキーワードをテーマに

私的な京都旅を楽しみます。

観光バスの行かない、「!」に満ちた京都。

36時間、どう過ごしますか——。

目次

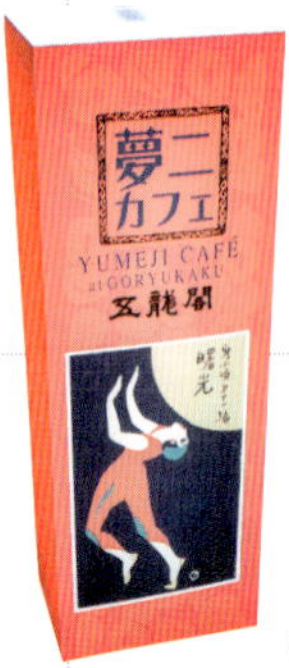

本書の見方

本書で旅した場所は、このように紹介しています。
章末の「今回のルート」「行ったところリスト」も合わせて
ご参考になさってください。

※本書は小社刊、月刊『なごみ』連載（2018年1月号～12月号）に、写真を増補してまとめたものです。
※掲載情報は、2019年1月現在のものです。

館《たて》鼻《はな》則《のり》孝《たか》さんと行く

アーティスト

日本文化の革新性発見の京都

今回の旅人

舘《たて》鼻《はな》則《のり》孝《たか》

1985年、東京都生まれ、鎌倉育ち。東京藝術大学で染織を専攻。
代表作・ヒールレスシューズは世界的歌姫レディー・ガガが
愛用することでも知られ、メトロポリタン美術館や
ヴィクトリア＆アルバート博物館などに永久収蔵された。
2016年にはパリ・カルティエ現代美術財団で
文楽公演を開催するなど、伝統文化に着想を得て
多彩な分野で制作活動を行う。

旅のテーマ

“日本文化の
革新性発見の京都”

◎舘鼻則孝的、京都旅でこれをしたい

- 「人」を通じてものづくりの「背景」を知りたい
- 古今が同時にある場所を訪ねたい
- 京都という都市で「暮らし」を体感したい

花魁《おいらん》の下駄にヒントを得た「ヒールレスシューズ」で
世界的にその名を知られる一方、
伝統工芸の職人と協業し、
美術やファッションなどの場でも活躍する舘鼻さん。
京都での36時間、どう過ごしますか？

東京から 京都駅着

1

10:30

1日目

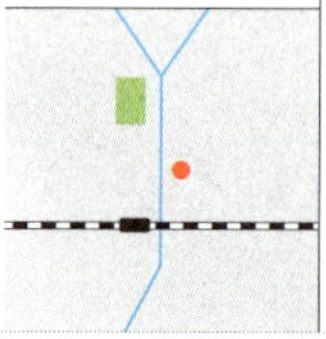

履物友達を訪ねに「祇園《ぎおん》ない藤《とう》」へ

まず訪ねたのは明治時代から続く履物匠「祇園ない藤」。主人の内藤誠治さんは履物友達。舘鼻さんが注目するのは、洋服にも合う新感覚サンダル「JOJO《ジョジョ》」。履き心地よく実用的にと、内藤さんが開発。鼻緒に伸縮素材を使用して抜群のフィット感を実現し、世界で年間三千足が売れるそう。「草履は本来、伝統工芸品ではなく生活用具。選択肢が多いほうがおもしろい」と内藤さん。伝統×革新の履物談義に花が咲きました。

なぜ「JOJO」を創ったの?
和装に靴でもダメだとは思わない。ただ選択肢が多いほうがおもしろい

上／定番シリーズの和装用草履や下駄。下／店先に並ぶ「JOJO」。洗えて、修理も可能。

創業は文久元年（1861）。南座の角に本店を構える。

2

「総本家《そうほんけ》にしんそば松葉《まつば》」で昼食

12:00

1日目

酒と醤油のみで2日間炊いたにしんの半身が底に。

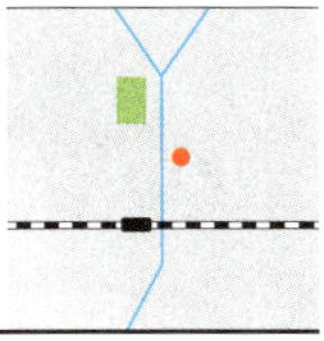

3

西陣織の老舗プロデュースの宿「HOSOO《ホソオ》 RESIDENCE《レジデンス》」

15:00

1日目

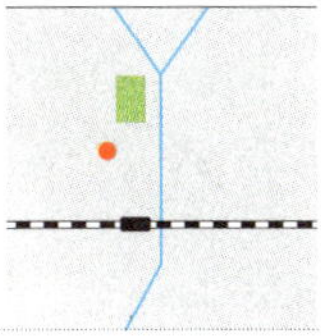

休憩を兼ねて、早めのチェックイン。「HOSOO RESIDENCE」は、西陣織の老舗「細尾《ほそお》」がプロデュースした一日一組限定の宿泊施設です。

左官技術や自社テキスタイルを生かして、大正期築の町家をフルリノベーションした室内。壁・浴室・インテリアなど伝統技術に裏打ちされた現代的なアプローチがそこかしこに。日本の素材や質感の味わいに満ちた、泊まれる「工芸建築」です。

左上／スピーカーの表地も細尾の布地。紗（しゃ）を使用。
右／浴室には左官の研ぎ出し技術が。

4

18:00

1日目

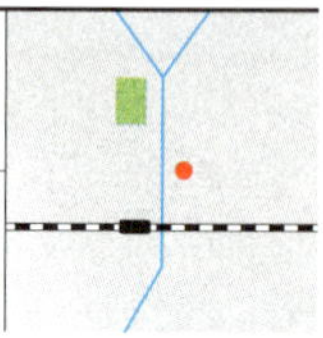

京の器で京の味
「なか一《いち》」

夕食は内藤さんにお勧めいただいた、祇園の寿司割烹発祥の店「なか一」で。京懐石の締めに京風寿司が供されます。古清水焼《こきよみずやき》や北大路《きたおおじ》魯山人《ろさんじん》作など京都ゆかりの器で京の味を堪能できるのも魅力です。

上／名物蒸し寿司。「いくらがたっぷりで幸せです」
下／栗などの揚物は魯山人の織部葉皿で。

1日目終了 ← 2日目へ

右／「お米が大好き」な舘鼻さん、京都の味に舌つづみ。
左上／右は店主の須原健太さん。

舘鼻さんが注文したのは、サーモンとアボカドのサンド、
パン・オ・ショコラ、アイスティー。

5

9:00

2日目

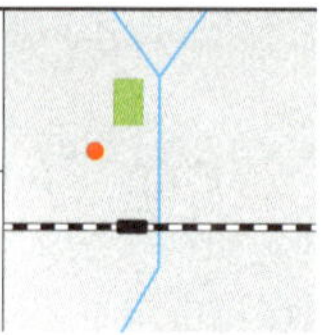

「ル・プチメック御《お》池《いけ》店《てん》」で朝食

6

10:30

2日目

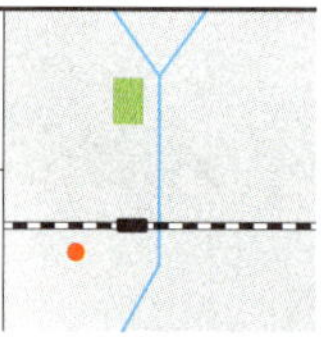

「東《とう》寺《じ》」へ仏像を観に

舘鼻さんが楽しみにしていたのが仏像拝観。「東寺へは、大学時代から幾度も通っています。のんびりするというより、仏像を観に行く場所ですね」

なかでも、不動明王に目を奪われる舘鼻さん。「千年以上前の仏像がこうして残っていること自体、日本人の信仰心の表れですよね」。

金堂や講堂、さらには宝物館までしっかり堪能しました。

右／「シヴァ神」の異名を持つ、国宝・不動明王坐像。写真提供＝便利堂
左／京都のランドマーク、東寺の五重塔。

7

13:00

2日目

お昼は「Kiln《キルン》」

ランチには、薪火でグリルしたステーキが人気。

kiln

どれにしよう……

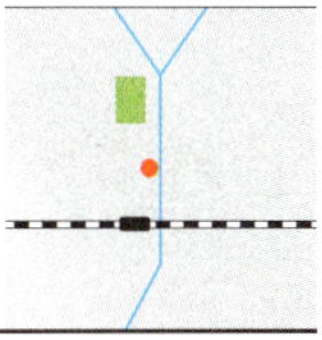

8

14:00

2日目

「京都《きょうと》モダンテラス」でひと休み

すだち
スカッシュで
リフレッシュ

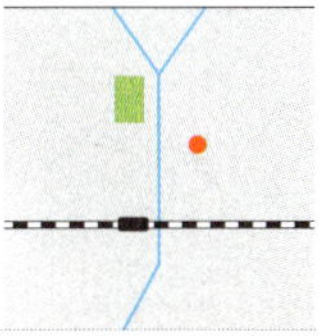

京都ロームシアター内にある蔦屋書店に併設されたカフェは、モダニズム建築らしい佇まい。

9

15:00

2日目

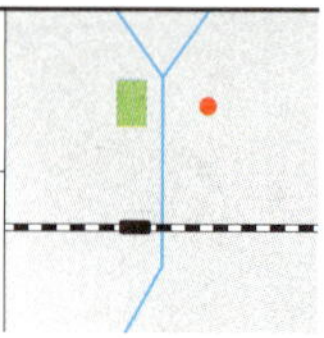

昭和のアヴァンギャルド「重森《しげもり》三《み》玲《れい》庭園《ていえん》美《び》術館《じゅつかん》」

『革新』というキーワードなら、ぜひここに」と初訪問したのが重森三玲庭園美術館。ここは三玲の活動拠点であり、終《つい》の棲家《すみか》だった場所。昭和四十五年（一九七〇）の作である主庭の枯山水庭園、そして書院茶席「好刻庵《こうこくあん》」を見学。

庭を眼前に、いけばなや茶、庭園史研究を経て三玲が作庭に至るまでの歩みに耳を傾けつつ、先人の革新を知るひとときでした。

右／力強い立石は三玲が最も好んだ庭のスタイル。
下右／波紋と市松模様が融合した書院茶席「好刻庵」。
写真提供＝重森三玲庭園美術館

10

16:30

2日目

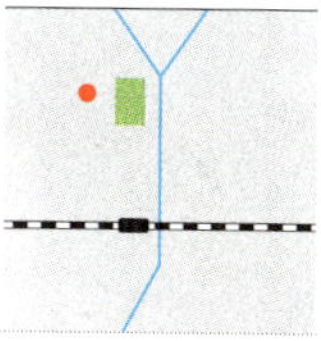

西陣織「細《ほそ》尾《お》」の工房「House《ハウス》 of《オブ》 Hosoo《ホソオ》」

「世界で一番複雑な布を織れる」織り機。

最後の訪問先は、元禄元年（一六八八）創業の西陣織の老舗「細尾」。日本の「織」を基点に、帯地のみならず国内外のトップメゾンや現代美術などと協業し、織物にとどまらない取り組みをしています。友人で十二代当主・細尾真《まさ》孝《たか》さんの案内のもと、工場やアトリエ「House of Hosoo」を特別見学。「受け継がれてきたものには技術だけじゃなく、センスや感覚もある」と舘鼻さん。

漆箔などを用いた生地。

京都駅着

東京へ

柄はモダンでも、使っている技術は「和」なんです

私が出会った旅の4選

「なかー」の
北《きた》大《おお》路《じ》魯《ろ》山《さん》人《じん》の酒《しゅ》器《き》

魯山人が添わせた指を
想像させるくらいに
くびれた波型が特徴の酒器。

「祇園ない藤」の
オリジナル作《さ》務《む》衣《え》

ない藤オリジナルの作務衣は、
彼の工房のユニフォームとして
職人の方々が着ていました。
私も自分用に一着購入。

写真・文＝舘鼻則孝

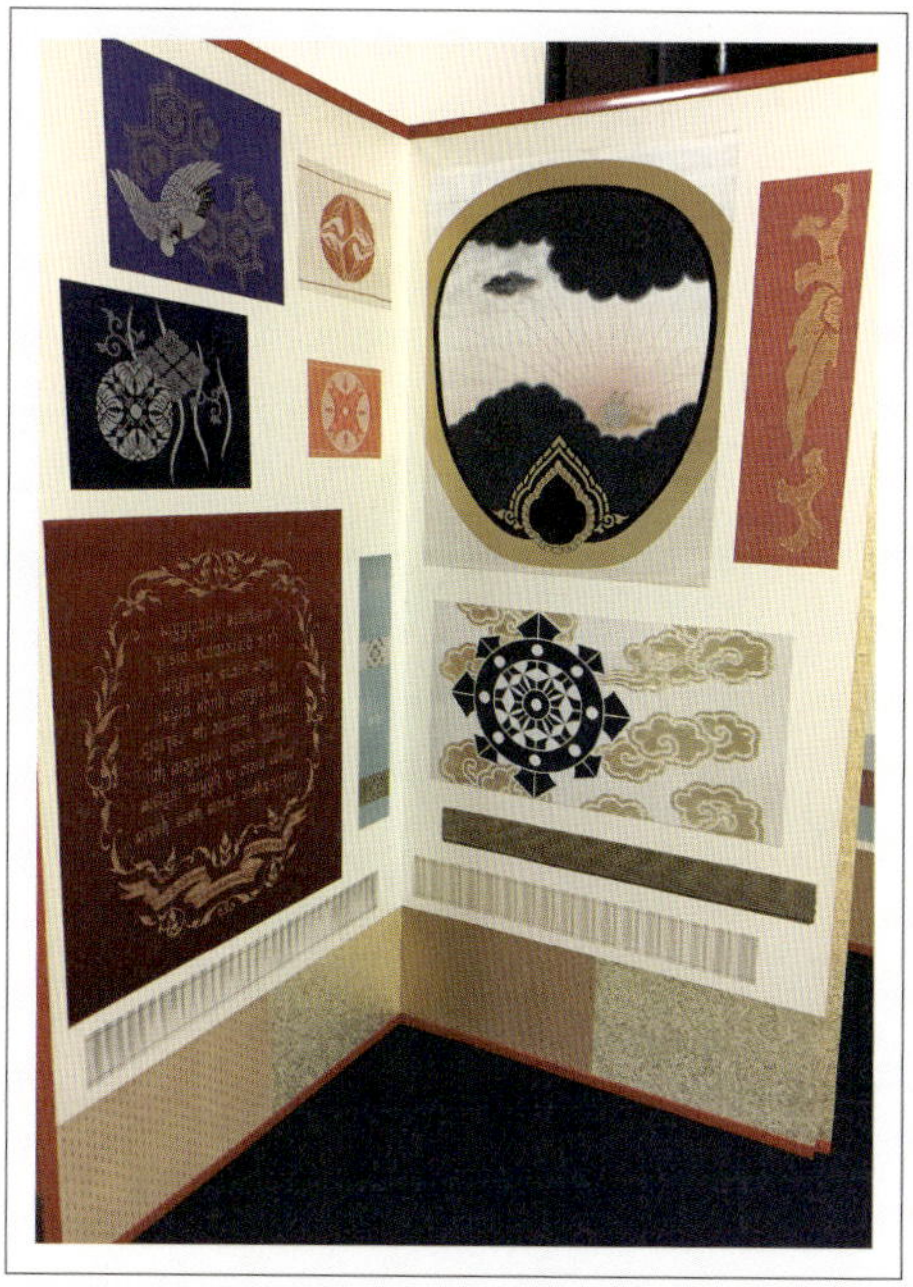

「細尾」の古裂《こぎれ》屏風

300年以上の歴史が詰まった、
細尾の家宝だという屏風からは、
未来へのインスピレーションを
いただきました。

「東寺」の国宝図録

藝大在学中の古美術研究旅行を
思い出す、私にとっては
教科書とも言える一冊。

観光後記

作家としての私の創作活動は、長い歴史の中で積み重ねられた日本文化の延長線上にある現代日本の姿を捉えるというところにあります。

京都を訪れた今回の旅で私が再発見したのは、革新的に受け継がれた日本のアイデンティティが示す現代の日本らしさでした。平安時代の仏像を安置する東寺のような歴史遺産。グラフィックデザイン的とも言える近代の作庭家・重森三玲の旧宅。また、西陣織の細尾では現代のテクノロジーが掛け合わされた伝統工芸の「今」を見ました。

京都のように歴史が内包された都市にみる多様性は、まさにパラダイムシフトの標本とも言える日本の財産です。しかしながら昨今においては、そのような歴史財産や伝統工芸が消費というかたちで「雑貨化」し、切り売りされている事実を危惧しています。そのような消費と同時に、日本人の精神性も過去に置き去りになっているように感じます。

現代を生きる私たちだからこそ積み重ねられる未来の日本文化というものを、今一度見つめ直すべきタイミングなのだ、と旅を通して改めて感じました。

文＝舘鼻則孝

旅の目的のもうひとつに、普段は酔った顔しか見せない友人の真面目な仕事姿を、こっそり覗きに行くということもありました。

百三十年ほどの歴史のある老舗履物匠「祇園ない藤」の当代・内藤誠治さんは、私の数少ない履物友達と言えます。彼は伝統文化としての和装履物を手がけると同時に、「ＪＯＪＯ」という現代的なサンダルブランドも展開しています。一見相反するかのように感じられる要素ではありますが、彼の話を聞いて納得させられました。

「ビーチサンダルは日本の草履から生まれたもので、世界で履かれるようになったが、実際に自分の目で見た世界中の景色にはひとつも恰好の良いサンダルはなかった。だから、俺が作ることにした」

彼の言っていることは真実で、原動力は日本の文化人としてのプライドでした。私はそのことに非常に共感すると同時に、日本文化の革新性を垣間見た瞬間だとも感じました。

今回のルート

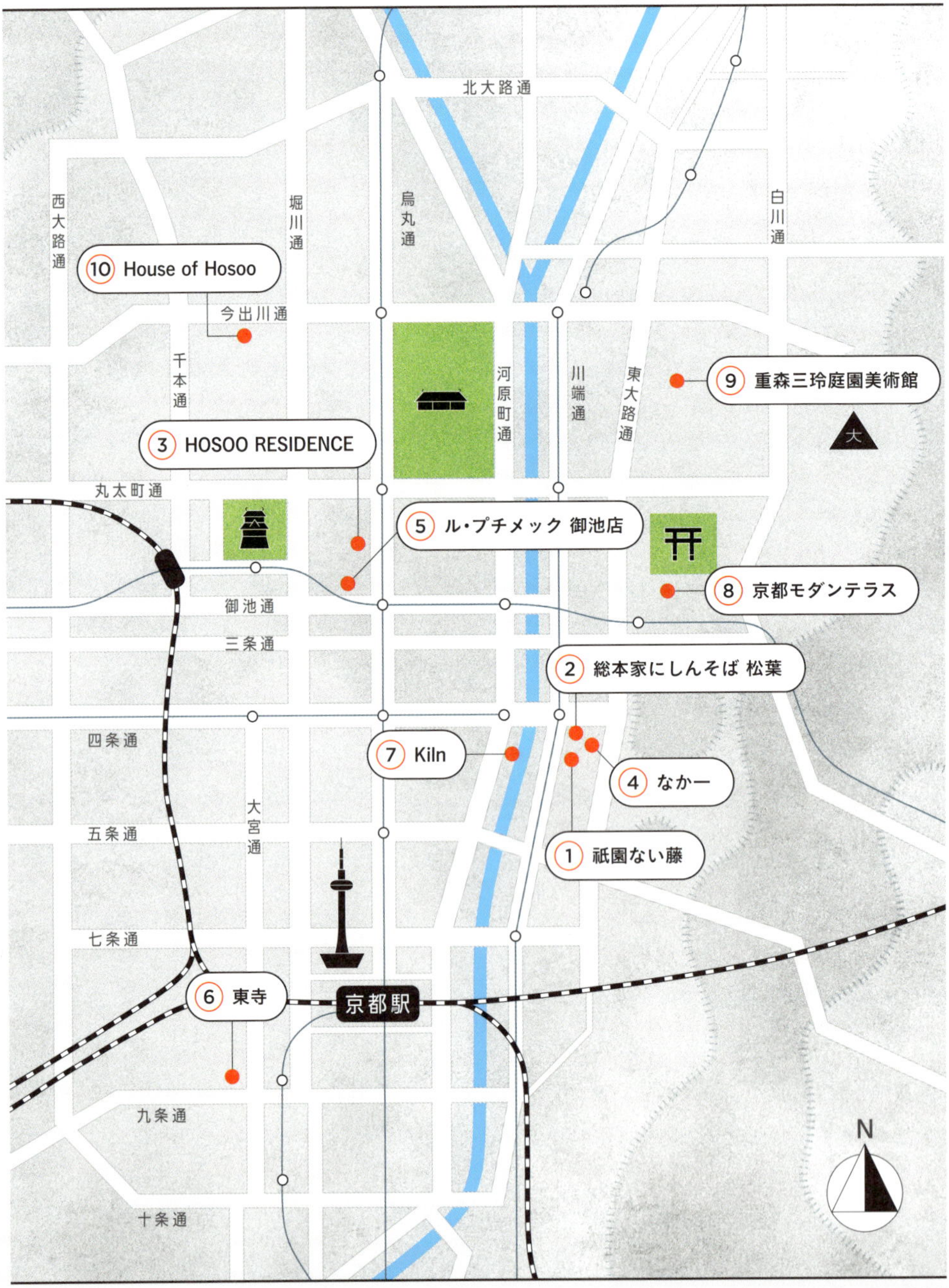
北大路通
西大路通
堀川通
烏丸通
白川通
10 House of Hosoo
今出川通
千本通
河原町通
川端通
東大路通
9 重森三玲庭園美術館
大
3 HOSOO RESIDENCE
丸太町通
5 ル・プチメック 御池店
8 京都モダンテラス
御池通
三条通
2 総本家にしんそば 松葉
四条通
7 Kiln
4 なかー
大宮通
五条通
1 祇園ない藤
七条通
6 東寺
京都駅
九条通
N
十条通

行ったところリスト

1日目

① 祇園ない藤

京都市東山区祇園縄手四条下ル ☎ 075-541-711 営 10時30分～18時 休 不定休

② 総本家にしんそば 松葉（本店）

京都市東山区四条大橋東入川端町192 ☎ 075-561-1451 営 11時～21時30分(L.O.21時) 休 水曜(祝日の場合は営業・季節により変更あり) ¥ にしんそば1300円(税別)

③ HOSOO RESIDENCE

京都市中京区両替町通二条上ル北小路町98-8 ☎ 非公開 営 in 15時 out 12時 ¥ 1泊素泊まり70000円(税別)要予約

④ なかー

京都市東山区祇園町南側570-196 ☎ 075-531-2778 営 昼12時～14時(L.O.13時) 夜16時30分～22時(L.O.20時30分) 休 不定休 ¥ 昼8000円～。夜10000円～(税別)要予約

2日目

⑤ ル・プチメック 御池店

京都市中京区御池衣棚通上ル下妙覚寺町186 ビスカリア光樹1F ☎ 075-212-7735 営 9時～18時 休 年始 ¥ パン・オ・ショコラ250円(税抜)

⑥ 東寺

京都市南区九条町1 ☎ 075-691-3325 営 開門5時～17時／金堂・講堂は8時～17時拝観可(16時30分受付終了) ¥ 金堂・講堂は大人500円(特別拝観時は別料金) ※宝物館は春と秋のみ公開

⑦ Kiln

京都市下京区西木屋町通四条下ル船頭町194 村上重ビル2F ☎ 075-353-3555 営 昼12時～15時(L.O.14時) 夜18時～23時(L.O.22時30分) 休 水曜(不定休あり) ¥ ステーキランチ2500円～(税別)

⑧ 京都モダンテラス

京都市左京区岡崎最勝寺町13 ロームシアター京都 パークプラザ2F ☎ 075-754-0234 営 8時～23時(L.O.22時) 休 不定休 ¥ すだちスカッシュ702円(税込)

⑨ 重森三玲庭園美術館

京都市左京区吉田上大路町34 ☎ 075-761-8776 営 11時／14時(集合時間厳守) 休 月曜 ¥ 900円(茶室入室見学は追加料金が必要)要予約 ※重森三玲の旧宅の一部を公開。

⑩ House of Hosoo

京都市上京区黒門通元誓願寺下ル毘沙門町752 ☎ 075-441-5189 ※通常非公開

TOUR

36

HOUR

森《もり》岡《おか》督《よし》行《ゆき》さんと行く

森岡書店
店主

京都の人

今回の旅人

森《もり》岡《おか》督《よし》行《ゆき》

1974年、山形県生まれ。森岡書店代表。
東京・神田古書店街の一誠堂書店に8年間勤めたのち、
2006年に古書店兼ギャラリー「森岡書店」を開店。
15年に銀座に移転、同店銀座店を開店。
「エルメスの手仕事」展(銀座メゾンエルメス)の会場内選書や
和久傳の会員制宿「川《せん》」の書棚選書にも携わる。
著書に『荒野の古本屋』『写真集　誰かに贈りたくなる108冊』など。

旅のテーマ

京都の人

◎森岡督行的、京都旅でこれをしたい

- 「京都」を作っている「人」の話を実際に聞いてみたい
- 個人商店の美意識にふれたい
- 日本画家のアトリエを訪ねたい

「一週間で一冊の本を売る本屋」を
コンセプトにした
森岡書店を東京・銀座で営み、
写真や建築など好奇心多彩な森岡さん。
京都での36時間、どう過ごしますか？

東京から 京都駅着

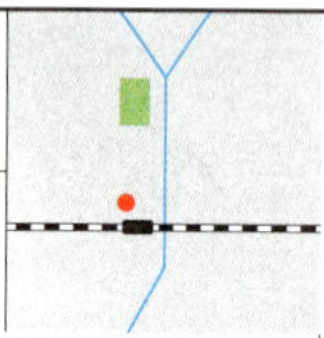

10:00

1日目

1

京都のランドマーク「京都《きょうと》タワー」へ

まずは京都タワーに初登頂。開業は東京五輪と同年の一九六四年。東京・御茶ノ水の聖橋《ひじりばし》と同じく建築家・山田守《まもる》の設計です。「『山田の特徴は曲線』という観点で見たら面白いのでは」と森岡さん。地上百メートルの展望室から京都を一望します。帰りは地下三階に発見した京都タワー理容室でシェービング。「これで俗世の塵《ちり》を落として上洛《じょうらく》できます（笑）」。

京都タワーに初登頂の森岡さん。
望遠鏡で京都市街の建築探検。
「あっ、形のきれいな建物がある！ あれは何だ？」

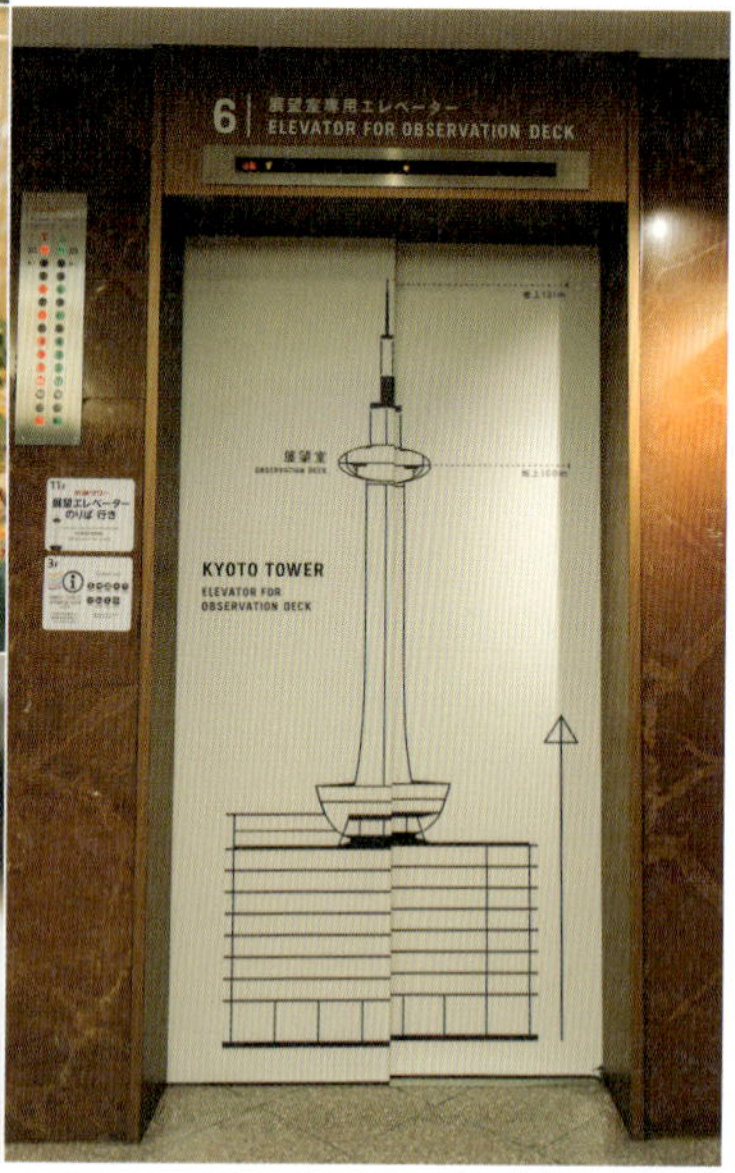

かっこいい！
外観のモザイクも
当時のままですよね

髭だけでなく、サービスで頭も
剃ってもらった森岡さん。
「『よく光ってる』と褒められました！」

2

12:00

1日目

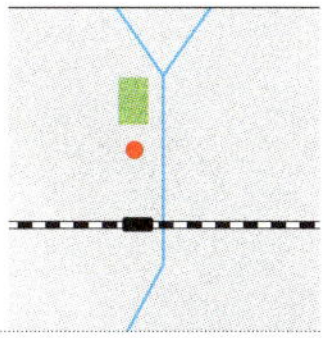

美しい食と仕事「室町《むろまち》和久傳《わくでん》」

同店の営む会員制宿「川《せん》」の選書を手がけたご縁のある、室町和久傳で昼食。この日のコースは九品。料理長（取材当時）藤山貴朗《たかお》さんの美しい所作、旬の滋味を引き出した料理と器との妙、それらはまるで食のライブのよう。美しい余韻も堪能しました。

器から料理を
イメージする
ことも多いです

炭焼きの鰆は、熱した炭を米油に
入れて風味づけしたドレッシングで。

和久傳

お造りはかんぱち。
辛味大根の鬼おろしとともに。

味も器も
美しいですね

3

14:00

1日目

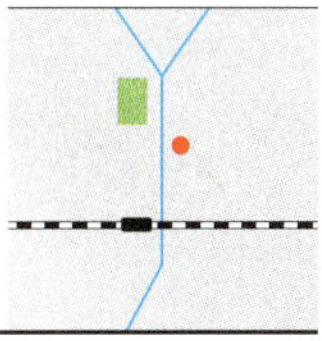

厳選された希少本を見に「Books & Things《ブックスアンドシングス》」

古美術店の立ち並ぶ古門前《ふるもんぜん》通の路地奥に佇む古書店へ。五畳の店内には、輸入書籍を中心に絶版本がずらり。「うちの書棚には背表紙だけが並ぶので、いい本との出会いを探している方におすすめ」と店主。気になる一冊の頁をめくり、唸る森岡さん。

TOKIO
東京オリンピック
TOKIO

チェコで出版された
東京五輪本２冊を購入。

4

15:30

1日目

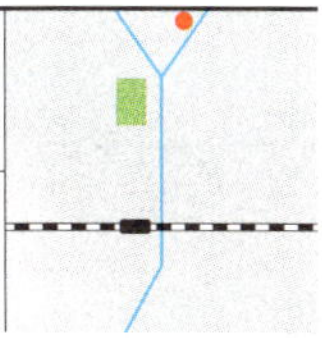

「グランドプリンスホテル京都《きょうと》」で村野藤吾《とうご》の建築見学

続いて洛北の「グランドプリンスホテル京都」で建築家・村野藤吾の建築見学。一九八六年の創業当初の姿をとどめる外観は宝ケ池《たからがいけ》の自然にとけ込むような曲線美。螺旋《らせん》を描く階段や舞踏会会場をイメージした宴会場「ゴールドルーム」など本館には随所に洋風の、茶室などを備えた茶寮には近代和風の、村野デザインが見られます。

上／比叡山を背景にこの外観！ 優美で悠然とした佇まい。
中／1階から地階に続く階段も村野らしいデザイン。
下／8畳茶室で。隣接の国立京都国際会館など訪日客に配慮して客室は広め。

5

20:00

1日目

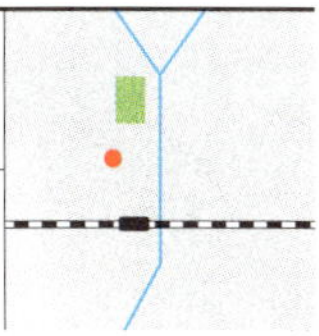

茶室のようなバー「酒陶《しゅとう》 柳野《やなぎの》」

「僕の店のお客様がすすめてくれて、前から来てみたかった」という「酒陶 柳野」で夜の一杯。一枚板のカウンター越しには花一輪。「コンセプトは『茶室バー』で、メニューもない、酒瓶も見せない。そのほうが出てくるものに集中できると思います」と店主の柳野さん。

ジントニックをドーム社のアンティークグラスで味わう。
美酒一献。

1日目終了 ← 2日目へ

焙《ばい》煎《せん》家オオヤミノルさんの手がける自家焙煎珈琲専門店で朝の一杯。「コーヒーの好みは人それぞれ。苦味か酸味か、深煎りか浅煎りか。夫婦や親子でも好みは千差万別、繊細なものです」と同店。あえてブレンドは置かず、豆の種類×焙煎×淹れ方で、飲み手の好みに添った一杯を供してくれます。

6

11:00

2日目

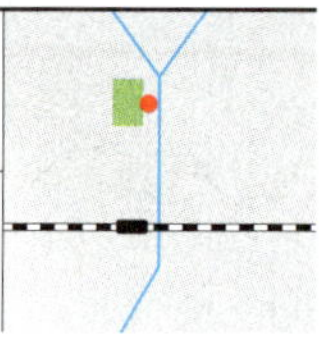

「KAFE《カフェ》 工船《こうせん》」で朝の一杯

お客様の好みにできるだけ近づけて出すことがモットーです

左・中／ホットコーヒを注文した森岡さんに、「当店では『あっさり』と『こってり』ができます」とスタッフの瀬戸さん。 右／ホットコーヒは520円。ハンガリーのアンティークグラスで。

7

12:00

2日目

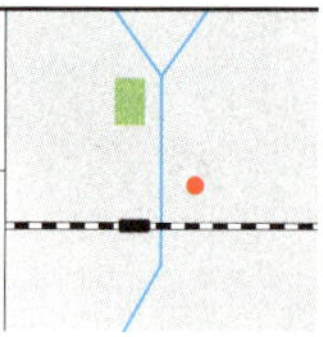

日本画家・竹内栖鳳《せいほう》の旧邸「ザ・ソウドウ 東山《ひがしやま》京《きょう》都《と》」

いやー、これは絶景ではないですか！

2800円のコースは前菜・パスタ・メイン・デザートで構成。昭和4年（1929）築の建物で風雅を味わう。

近代京都画壇を牽引した日本画家・竹内栖鳳が別邸兼アトリエとして晩年を過ごした「東山艸堂《ソウドウ》」。現在は往時の雅趣を残して、イタリアンレストランとして生まれ変わりました。本館には栖鳳作品が常時十五点ほど。アトリエ跡の栖鳳の定席《じょうせき》からは八坂の塔が一望できます。「この景色だけで京都に来た甲斐がありますね」。

8

14:00

2日目

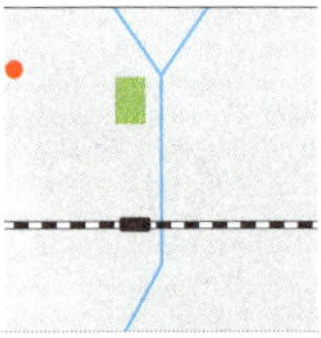

日本画家・木島《このしま》櫻谷《おうこく》の旧居「櫻谷文庫《おうこくぶんこ》」へ

続いては、竹内栖鳳と同時代を生きて双璧とされた木島櫻谷の旧居「櫻谷文庫」を訪ねます。

一九一三年、三十六歳の櫻谷は京都市街から自然豊かな衣笠《きぬがさ》に移住。晩年は京都画壇と距離をとり、家族団らんを楽しみつつ制作したといいます。和館・洋館・画室から、住まいの有りようを見つめました。

左・中／櫻谷はその画業でも、特に動物画が高く評価された。
右／洋館の螺旋階段は一人がやっと通れるくらいの幅。「この階段の曲線もいいなあ」と森岡さん。

9

15:30

2日目

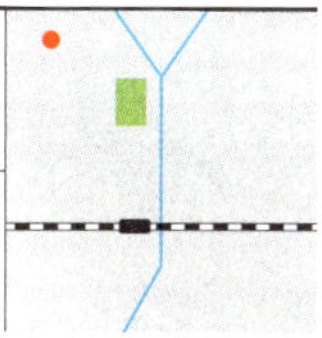

京唐紙を見に
「かみ添《そえ》」へ

次に訪ねたのは西陣の京唐紙専門店「かみ添」。京唐紙とは、和紙に絵具を引き、多様な版木で手摺りした装飾和紙。アメリカでグラフィックデザインを、京唐紙の老舗で古典技法を学んだ唐紙師・嘉戸《かど》浩《こう》さんの感性が生きた紙の美しいこと。一枚一枚に森岡さんの眼が輝きます。

工房1階はショップ。便箋やぽち袋、1万円札を入れるための封筒なども。

10

16:30

2日目

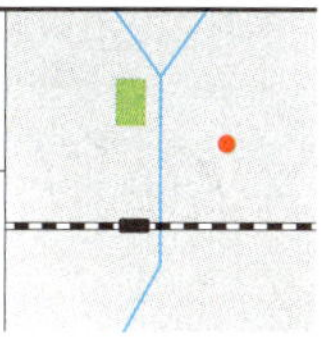

釜の湯と味わう
洋菓子「茶房《さぼう》チェカ」へ

菓子は店主で弟の内田誠司さんの作、器や点茶台は陶芸家で兄の内田鋼一さんの作。

森岡さんはカヌレと、宇治田原産の無農薬紅茶を注文。

京都駅着 ← 東京へ

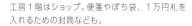

私が出会った旅の4選

「グランドプリンスホテル京都」の外観

タクシーに乗って所在地に向かっていると、
その姿は突然、森のなかから現れました。
おそらく設計した村野藤吾は、その視覚的
体験も計算に入れたのではないでしょうか。
1986年の竣工ですが、
曲線による構成は、すでに古典的な
雰囲気を漂わせています。

京都タワー理容室

旅のはじめは京都タワーの地下へ。
私はスキンヘッドなので
普段理容室に用はありませんが、
看板を見るとシェービングのコースが。
話し好きなスタッフに髭《ひげ》を剃ってもらい、
サービスで頭も剃ってもらい、おかげで
ピカピカになって上洛することができました。

写真・文＝森岡督行

旧木島櫻谷邸、洋館の階段

木島櫻谷の住んだ和館・洋館・画室は「櫻谷文庫（旧木島櫻谷家住宅）」として京都市指定文化財になっています。このうち洋館の階段の曲線美は、一見、見逃してしまいそうですが、写真に収めると施主と設計師と職人の細部へのこだわりが感じられました。

「ザ・ソウドウ 東山京都」2階からの眺め

かつて竹内栖鳳が住んだ八坂の邸宅は、現在、イタリアンレストランと結婚式場のザ・ソウドウに。この風景は栖鳳のアトリエから眺めたもの。これを見るだけでも敷居を跨《また》ぐ価値があります。今回は紅葉の景色でしたが、雪の風景もまた格別でしょう。イタリアンも絶品。

観光後記

今回の36時間京都観光の旅では、京都の人に出会うことを主眼としました。京都の街の素晴らしさは言うまでもありませんが、それは、そこに暮らす人、働く人の現れだろうと考えたことによります。また、旅先での人との出会いは、名所旧跡と同じくらい記憶に残るものです。京都なら京都の言葉を聞いたとき、さらに旅情が深まります。

旅のはじまりでお会いしたのは、昼食で訪れた室町和久傳の料理長の藤山貴朗さんでした。「陶芸作家のうつわから料理を考えることもある」という話が印象に残りましたし、

何より、仕事をする藤山さんの手さばきと声の張りが、まるで舞台のうえで静かに舞う役者のようでした。室町和久傳の味やしつらえもそうなのですが、京都では「削ぎ落としているのに装飾されている」ような感覚を覚えることが多々あります。

とりわけ、酒陶柳野の佇まいは、その典型と言えるでしょう。お酒のボトルは棚のなかに収納されていて、目に入ってくるしつらえは、生けた花と一枚の絵画のみ。この日は、金子國義が壁に掛かっていましたが、前の週まではモランディの版画が掛かっていたそう

文＝森岡督行

です。その理由を店主の柳野浩成さんは「お酒の味に集中してほしいから」。

明治から昭和にかけて活躍した日本画家の木島櫻谷。その邸宅を開放した櫻谷文庫を訪ねた際は、櫻谷のひ孫にあたる門《かど》田《た》理《おさむ》さんにお話をうかがうことができました。曰く「平安京は、はじめに道路ができた。道路は、当時のインターネットとして機能し、さまざまな人が行き交い、情報が交換されるようになった」。

インターネットが情報の集積だと考えれば、約千二百年前にできたインターネットと言える「京都」は、今なおその機能を果たしています。すなわち、そこではデジタルの検索では決して得られない、リアルな美意識にアクセスすることができます。そしてそれには必ず人が介在します。京都の街にまた行きたくなる理由がここにあると言って良いのではないでしょうか。

36時間でもこれだけの体験ができるのですから。

今回のルート

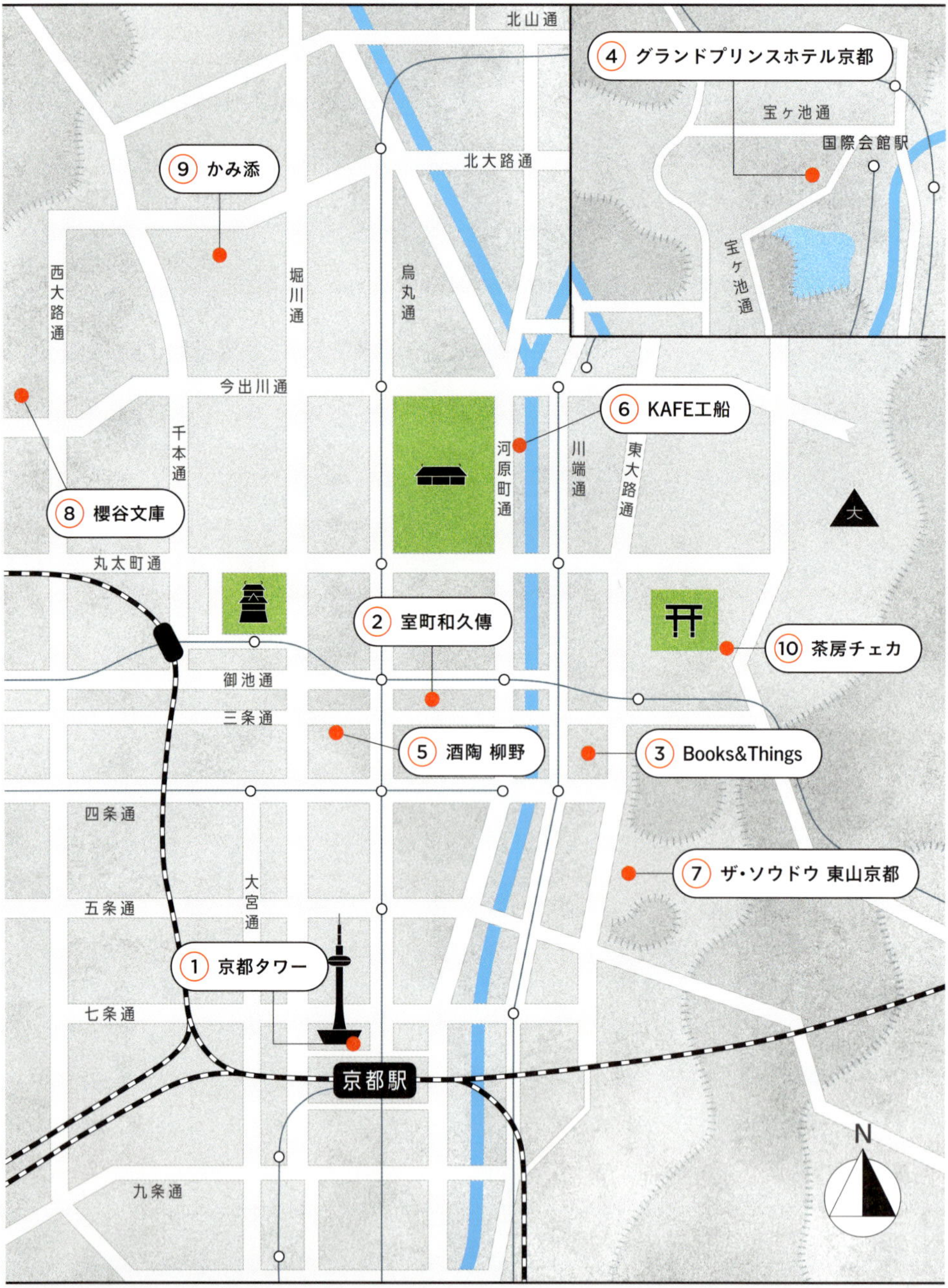
北山通
4 グランドプリンスホテル京都
宝ヶ池通
国際会館駅
宝ヶ池通
北大路通
9 かみ添
西大路通
堀川通
烏丸通
今出川通
6 KAFE工船
河原町通
川端通
東大路通
千本通
8 櫻谷文庫
大
丸太町通
2 室町和久傳
10 茶房チェカ
御池通
三条通
5 酒陶 柳野
3 Books&Things
四条通
7 ザ・ソウドウ 東山京都
大宮通
五条通
1 京都タワー
七条通
京都駅
九条通
N

行ったところリスト

1日目

① 京都タワー

京都市下京区烏丸通七条下ル東塩小路町721-1 ☎075-361-3215 営9時〜21時（最終入場20時40分） 休無休 ¥大人770円

② 室町和久傳

京都市中京区堺町通御池下ル東側 ☎075-223-3200 営昼11時30分〜15時(L.O.13時30分) 夜17時30分〜22時(L.O.20時) 休火曜 ¥昼7000円〜、夜15000円〜（税込・サ込）要予約

③ Books & Things

京都市東山区古門前通大和大路下ル元町375-5 ☎075-744-0555 営12時〜19時 休不定休

④ グランドプリンスホテル京都

京都市左京区岩倉幡枝町1092-2 ☎075-712-1111
※宿泊については各種プラン有り。詳細はHP。

⑤ 酒陶 柳野

京都市中京区三条通新町西入 ☎075-253-4310 営18時〜翌2時 休木曜 ¥チャージ500円、カクテル900円〜(税込)

2日目

⑥ KAFE 工船

京都市上京区河原町通今出川下ル梶井町448 清和テナントハウス2F G号室 ☎075-211-5398 営11時〜21時 休火曜(祝日は営業) ¥ホットコーヒ520円(税込)

⑦ ザ・ソウドウ 東山京都

京都市東山区八坂通下河原東入八坂上町366 ☎075-541-3331 営昼11時〜14時30分(L.O.／月〜金曜〈祝日を除く〉) 夜17時30分〜23時(L.O.21時) 休不定休 ¥昼1500円〜、夜5500円〜(税込・サ別)

⑧ 櫻谷文庫

京都市北区等持院東町56-1 ☎075-461-9395 営10時〜16時 休不定休 ¥大人600円

⑨ かみ添

京都市北区紫野東藤ノ森町11-1 ☎075-432-8555 営12時〜18時 休月曜(不定休あり)

⑩ 茶房チェカ

京都市左京区岡崎法勝寺町25 ☎075-771-6776 営10時〜19時(L.O.18時30分) 休月・火曜 ¥カヌレ290円、紅茶480円(税込)

TOUR

36

HOUR

イラストレーター

浅《あさ》生《お》ハルミンさんと行く
動物をめぐる京都

今回の旅人

浅《あさ》生《お》ハルミン

1966年、三重県生まれ。

イラストレーター、エッセイスト。

NHK-Eテレ『又吉直樹のヘウレーカ！』でイラストレーションを担当。

『私は猫ストーカー』は

2009年に映画化され話題となった。

主な著書に『猫の目散歩』『三時のわたし』などがある。

趣味は古本とこけしと猫。

旅のテーマ

動物をめぐる京都

◎浅生ハルミン的、京都旅でこれをしたい

- 立派な鯉を見たい!
- 京都の猫と触れ合いたい
- 動物の帯留めを見つけたい

猫好き・着物好きで知られる
浅生ハルミンさんは、近頃
「猫はもちろんですが
実は鯉が気になっているんです」とのこと。
京都の動物たちをめぐる36時間、どう過ごしますか?

東京から 京都駅着

1

10:30

1日目

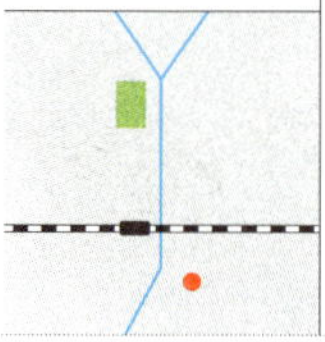

伏見人形窯元「丹《たん》嘉《か》」の十三匹猫に会う

後ろ姿もキュートな「十三匹猫」、10萬圓也。

猫好きの浅生さんが向かったのは、伏見稲荷大社の縁起物として知られる郷土玩具・伏見人形の伝統を受け継ぐ「丹嘉」。お目当ては「十三匹猫」。当主の大西時夫さんが、一匹の招き猫にどれだけ猫をつけられるか挑戦した人形です。店に一歩入ると、そこはユーモラスな表情の動物や人形たちのワンダーランド。一つひとつの姿に昔の風俗や伝説が隠されています。

「家に2000種ほど伝わる型の人形を全部作るのが目標」と大西さん。

丹嘉

すわり猫(豆)
買いました

どれも気になって
キリがない!

2

12:30

1日目

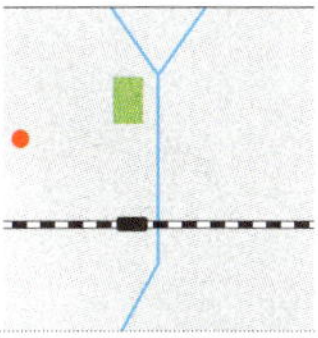

「森《しん》林《りん》食《しょく》堂《どう》」でカレーを

「カレー屋の友人のイチオシで」とお昼に選んだ「森林食堂」。お米は店主の実家から、鶏ひき肉は厳選部位をブレンドする、こだわりのお店。「インドと日本の中間」を目指した、スパイシーなのにマイルドなカレーです。

お店オリジナルの「サボにゃん」

お店のほか出張ケータリングも。

上／定番のチキン×キーマほうれん草カレー。
左／浅生さんはバター風味のカキのカレー（11～3月頃限定）を。

3

14:00

1日目

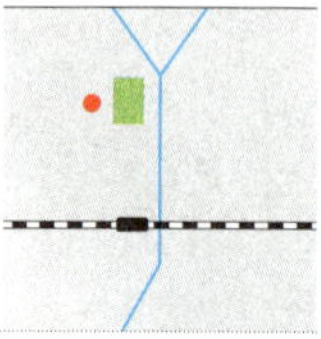

イノシシの殿堂《でんどう》「護王神社《ごおうじんじゃ》」

和《わ》気清麻呂《けのきよまろ》を祀《まつ》り、足腰の守護神として知られる護王神社へ。清麻呂が旅した際、三百頭のイノシシが案内したという伝説から、境内の至る所にイノシシの姿が。全国から奉納された「いのししコレクション」は圧巻です。

門には巨大な「足腰御守」。ご利益がありそう。

イノシシの口から水が！

「かわいい! たまらん〜」

シリアス系からキュート系まで揃った「いのししコレクション」。お守りにも、もちろんイノシシの姿がしっかり。

4

16:00

1日目

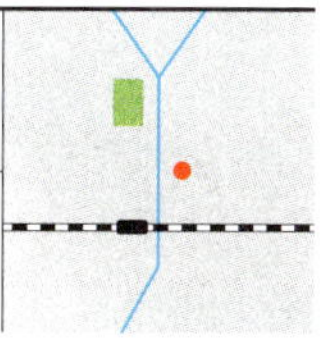

憧れの「てっさい堂《どう》 装身具《そうしんぐ》」で帯留めを

浅生さんが高校生の頃に訪れて以来の憧れの場所という骨董街・古門前《ふるもんぜん》通。着物好きとして訪れたかったのは、書画骨董の店・てっさい堂が二〇一五年に開いた新店舗です。帯留め、かんざしを中心に扱い、犬・猫・魚……と動物モチーフも豊富。指先ほどの大きさに高い技術が注ぎ込まれた小宇宙に、時間も忘れて浸ります。

帯留めひとつで気分が変わります

色違いのべっこうを巧みに組み合わせた鯉、毛並みがリアルな猫。小さな店内のどこに、と思わせる品揃え。

1日目終了 2日目へ

5

10:00

2日目

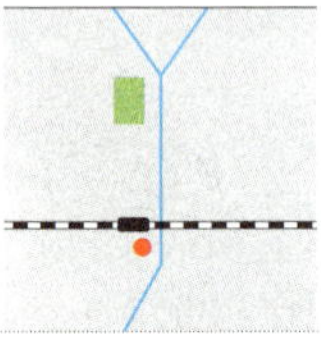

「梅《うめ》村《むら》養《よう》鯉《り》場《じょう》」で錦鯉を知る

「何を思って池を泳ぐのか想像するんです」と鯉にはまっている浅生さん。京都駅そばの錦鯉と金魚のお店「梅村養鯉場」へ。鑑賞ポイントは「体型・色彩・模様」。育て方次第で小さな姿のまま飼えると聞き、俄然その気に。

京都の鯉池のケアも梅村養鯉場の仕事。

小さいながら立派なヒゲの鯉に興奮。

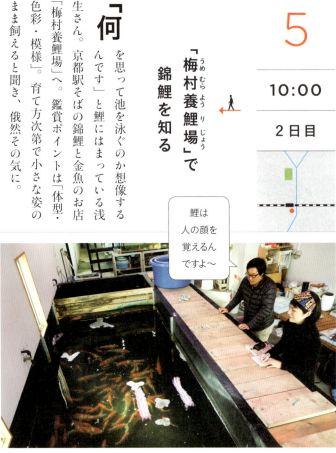

6

11:30

2日目

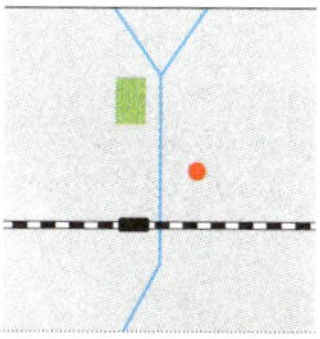

鯉たちを眺められる
茶房「洛匠《らくしょう》」

高台寺のわらびもちの名店「洛匠」には、錦鯉の世界で知らぬ者はいないという池がある。創業者の湯《ゆ》浅《あさ》卯《う》之《の》助《すけ》翁は、数々の錦鯉品評会で優勝をさらった人物。東山の霊山《りょうぜん》からの水の流れを意識した美しい庭と、悠々と泳ぐ鯉たちを見ながらいただく甘いもの。選りすぐりのわらび粉を使ったきな粉たっぷりの草わらびもちは絶品です。

上／手を叩けば寄ってくる、体長60センチ超えの鯉が約20尾!
下／お庭を見ながら抹茶と草わらびもちのセットをいただく。

7

13:00

2日目

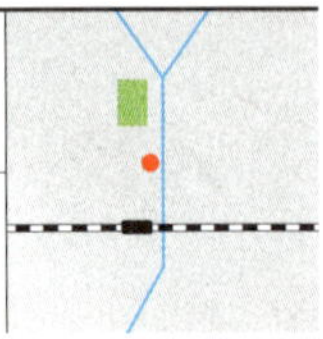

「志《し》る幸《こう》」で味噌汁を堪能

蓋を開くと毎回感激します！

能舞台をイメージした店内で利久辨當を。味噌汁の具材の手書きのお品書きも浅生さんのお気に入り。「汁に濁りなし」と濁点はふらない。

たい
くしら
そうに
はまくり
たいあら
かき
おとしいも
しゝみ
しゆんさい
ゆは
ゆすふ
なめこ
とうふ

柚麩《ゆずふ》の味噌汁をセレクト。

「味もお店のつくりも、すべてが好き」と、京都に来たら浅生さんがよく訪ねる味噌汁の名店「志る幸」。名物「利久辨當《りきゅうべんとう》」は、白味噌の味噌汁とかやくご飯、五種の肴《さかな》を盛った逸品。味噌汁は十種以上の季節の具材から選べます。

8

15:00

2日目

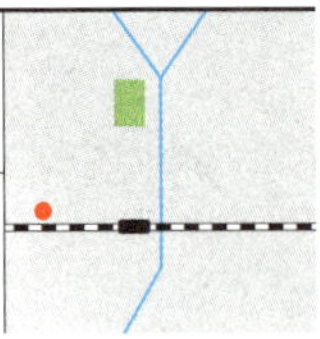

京の水辺の生態系とは？「京《きょう》都《と》水《すい》族《ぞく》館《かん》」

里山を再現しているんですね

上／「京の里山」エリアには棚田を再現。田植え体験も開催。下／館でも人気のチンアナゴ。

多くの海や川の生き物に出会うべく「京都水族館」へ。「京都鉄道博物館」などがある子どもにも人気の新スポット・梅小路《うめこうじ》公園に、二〇一二年に開館しました。オオサンショウウオが棲む「京の川」エリアや、間近でペンギンが見られるエリアも。日本海の自然を模した「京の海」エリアの大水槽の約一万匹のイワシの群れは「いつまでも見ていられる」としばし放心。

京都駅着

東京へ

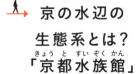

私が出会った旅の４選

緑泉の
おもちゃ絵

護王神社の社務所に飾られた
「緑泉」によるおもちゃ絵群が
素晴らしかった。
猪に乗っている人は
和気清麻呂、と憶《おぼ》えた。
ぜひ画集を作らせて欲しいです。

「丹嘉」の
かんの虫封じ犬

奇想天外で遊び心のつまった
伏見人形は吉祥を託すもの。
実物ではなく絵を参考にしたため
インド風になっている象など、
昔の人の発想を今も身近に
感じることができてすごい。

絵・文＝浅生ハルミン

「洛匠」のおじいさんと トロフィー

先代の湯浅卯之助さんは
錦鯉品評会で何回も賞を獲得。
鯉だけでなく真鴨も育てた。
卵から孵《かえ》した「京太郎」と「都」は
「ねねの道」の人気者。
鯉と一緒に泳ぐのを見るのが
夢だったそうだ。

「てっさい堂」の 離れ室内

翳《かげ》りが美しい茶室のような室内。
あまりのオーラに、
高校時代、背伸びして
界隈の骨董屋さんを巡り、
緊張のかたまりになっていた頃に
もどった気持ちがした。

観光後記

愛

猫に先立たれて三年半、寝ても醒めても猫を思い、猫柄のスカートを履いて猫の写真集に涙するなど症状は進む一方。そんな時、ある鯉と目が合ってしまった。日本庭園の苔《こけ》色の水面に顔を出した、眠そうな色褪せた鯉。仲間のように思えてきて、藤枝静男の小説『田紳《でんしん》有楽《うらく》』ごっこをして遊んだ。折よく京都を歩くお話が飛び込んできて、是非、いい水と名庭の京都で鯉を。そしてやっぱり動物を求める36時間となった。

伏見人形の「丹嘉」で「子付き猫」というまねき猫にときめいた。親猫の全身に子どものまねき猫が十二匹もくっついているのだ。七代目当主の大西時夫さんが江戸時代の型をもとにして、「どこまでいけるかやってみた」。子猫の足の踏んばり具合や、小さいのにちゃんと〝猫してる〟後頭部がたまらない愛おしさで、大西さんは絶対に猫好きであるぞと確信を抱いたけれど、確かめるのも忘れるくらい愉しかった。由緒ある窯元ということへの緊張がいっぺんに吹き飛んでしまった。

帯留めとかんざしを扱う「てっさい堂 装身具」では、小指の先より小さな鼠《ねずみ》の帯留めにうっとりした。米粒大でもしっかり金色の小判を両手で押さえ、尾をくるんとさせた得意げな姿がちょこ才《ざい》なほど可愛らしいし縁起もよい。繊細な尾を彫る技術もすごい。この帯留めをしてどこ行こう？　銀行へお金を借りに行く日のラッキーチャームにぴったり（行かないが）などと妄想して、時間が夢のように過ぎた。

高台寺「洛匠」へ、鯉池をメンテナンスする「梅村養鯉場」の梅村勇太さんに連れていってもらった。「びっくりを通り越すと思います」とおっしゃる通り、これは鯉？　振り袖を纏《まと》う人魚の群れと見まごう大きな錦鯉だ。井戸水を汲み上げた池で鮮やかな鱗《うろこ》を煌めかせて水をくぐっていくこの眺めを、何にたとえたらいいのだろう。これだけ大きく育てるには、一定期間、専用の広大な池に放すそうだ。洛匠さんの庭の鯉は堂々として色っぽい別嬪《べっぴん》さん。完全に私より女っぷりがいいね、あなたたち。

そういうわけで、動物を介して精緻な技と手間と遊び心から生みだされた愛らしさを、ひたすらに補充させてもらった36時間だった。

文＝浅生ハルミン

今回のルート

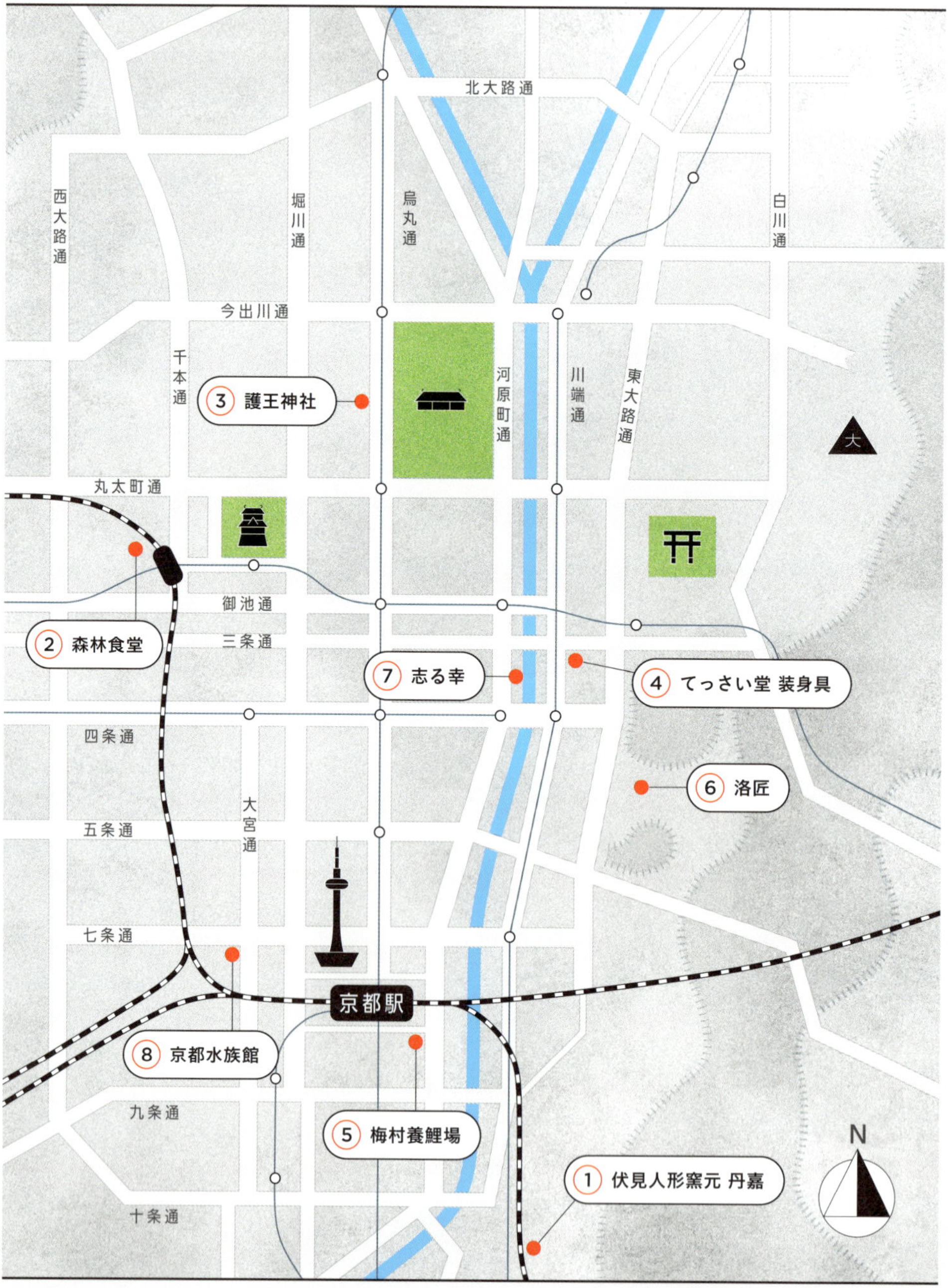
北大路通
西大路通
堀川通
烏丸通
白川通
今出川通
千本通
河原町通
川端通
東大路通
3 護王神社
大
丸太町通
御池通
三条通
2 森林食堂
7 志る幸
4 てっさい堂 装身具
四条通
6 洛匠
大宮通
五条通
七条通
京都駅
8 京都水族館
九条通
5 梅村養鯉場
1 伏見人形窯元 丹嘉
十条通
N

行ったところリスト

1日目

① 伏見人形窯元 丹嘉

京都市東山区本町22-504 ☎ 075-561-1627 営 9時～18時 休 日曜・祝日 ¥ すわり猫(豆) 2000円(税込)

② 森林食堂

京都市中京区西ノ京内畑町24-4 ☎ 075-202-6665 営 昼11時30分～15時（L.O.14時30分）夜18時～22時（L.O.21時） 休 不定休 ¥ チキン×キーマほうれん草カレー1000円(税込)

③ 護王神社

京都市上京区烏丸通下長者町下ル桜鶴円町385 ☎ 075-441-5458

④ てっさい堂 装身具

京都市東山区古門前通大和大路東入 ☎ 075-531-2829 営 10時～18時 休 年末年始

※来店の際はまず向かいの「てっさい堂 道具店」にお声がけを

2日目

⑤ 梅村養鯉場

京都市南区東九条東山王町15 ☎ 075-691-7834 営 9時～18時頃 休 不定休

※来店の際は要事前連絡

⑥ 洛匠

京都市東山区高台寺北門通下河原東入鷲尾町516 ☎ 075-561-6892 営 9時30分～18時 休 不定休 ¥ 草わらびもち720円(税込)

⑦ 志る幸

京都市下京区西木屋町四条上ル真町100 ☎ 075-221-3250 営 昼11時30分～15時(L.O.14時) 夜17時～21時(L.O.20時) 休 水曜 ¥ 利久辨當2500円(税込)

⑧ 京都水族館

京都市下京区観喜寺町35-1 梅小路公園内 ☎ 075-354-3130 営 10時～18時（最終入館は閉館1時間前） 休 無休 ¥ 大人2050円(税込)

TOUR

36

HOUR

松井今朝子《まつい けさこ》さんと行く

作家

歌舞伎・三大名作でめぐる京都

今回の旅人

松《まつ》井《い》今《け》朝《さ》子《こ》

1953年、京都・祇園に生まれる。

6代目中村歌右衛門に魅了され、

早稲田大学大学院で演劇学修士課程を修了後、松竹株式会社に入社。

その後、フリーとして歌舞伎の脚色・演出・評論を手がける。

97年『東洲しゃらくさし』で作家デビュー。

2007年『吉原手引草』で第137回直木賞受賞。

歌舞伎に取材した作品に『仲蔵狂乱』『壺中の回廊』などがある。

旅のテーマ

“歌舞伎・三大名作でめぐる京都”

◎松井今朝子的、京都旅でこれをしたい

- 歌舞伎の三大名作ゆかりの地をめぐりたい
- 夜は芝居談義で盛り上がりたい
- 歌舞伎ゆかりの品を求めたい

京都・祇園の割烹「川上」の長女に生まれ、
小さい頃から歌舞伎好きな作家の松井今朝子さん。
歌舞伎をテーマにした作品も多い松井さんと
三大名作『義経千本桜《よしつねせんぼんざくら》』『菅原伝授手習鑑《すがわらでんじゅてならいかがみ》』
『仮名手本忠臣蔵《かなでほんちゅうしんぐら》』ゆかりの地をめぐります。

東京から

京都駅着

1

10:30

1日目

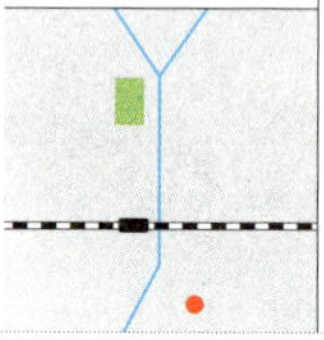

『義経千本桜』の舞台「伏《ふし》見《み》稲《いな》荷《り》大《たい》社《しゃ》」へ

都から落ちのびる源義経。その愛妾《あいしょう》・静御前《しずかごぜん》のピンチを救ったのが家臣の佐藤忠信。この忠信、実は狐が化けていて……。『義経千本桜』で「狐忠信《きつねただのぶ》」が登場するのが、ここ伏見稲荷大社。「歌舞伎はサスペンスドラマと同じで、名所で事件が起こるんです」と松井さん。

思い出の味です
稲荷狐の舞
手焼煎餅

参道で売られている狐面の煎餅。

義経の家臣に化けた狐忠信が登場する「狐忠信　尾上菊五郎」（国立国会図書館蔵）。

高校時代、マラソンコースでした

tripadvisor
外国人に人気のスポット二〇一七
日本国内
四年連続
第一位

千本鳥居をくぐり、奥社奉拝所まで参拝。外国人の人気観光スポット４年連続第１位だけあって、参拝者で大賑わい。

株式会社 村木組

2

13:00

1日目

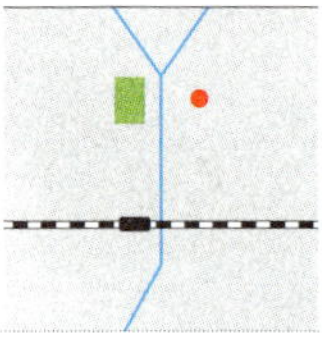

『菅《すが》原《わら》伝《でん》授《じゅ》手《て》習鑑《ならいかがみ》』の「吉《よし》田《だ》神《じん》社《じゃ》」へ

久しぶりのお参りね～

敵《かたき》同士の菅丞相《かんしょうじょう》と藤原時平《しへい》に仕える三つ子、梅王丸・松王丸・桜丸が鉢合わせするのが吉田神社。実は松井さん、幼い頃よくお父様と参詣した記憶が。境内を歩くと料理飲食の祖神・藤原山蔭《やまかげ》を祀る山蔭神社を見つけ、「料理人の父はここにお参りしてたのね」と大いに納得の様子です。

錦絵「菅原伝授手習鑑 車引のだん」（上・国立国会図書館蔵）と同じ場所でポーズ。

鳥居前で
3兄弟が
激突！

吉田神社は平安時代に都の守護神として創建され、節分行事で有名。

モットーの「粋上品」そのままの商品が並ぶ。

3

15:00

1日目

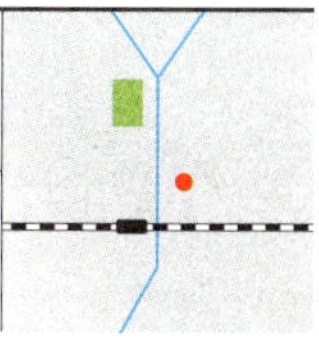

「巧芸陶舗《こうげいとうほ》　東哉《とうさい》」で歌舞伎役者の誂《あつら》えた陶器を

左上／11代目団十郎注文。8代目・9代目追善の品で、市川家の紋にちなんだ三筋の文様。　左下／6代目菊五郎注文の5代目追善「菊三島」茶碗。　右／注文品のエピソードを語る主人の山田さん。

銀座にも店舗がある老舗陶器店。京焼の雅と江戸の粋を合わせた「粋上品《いきじょうひん》」な作風が好まれ、巨匠・小津《おづ》安二郎《やすじろう》の映画の小道具にもたびたび登場。歌舞伎役者からの注文も多いとか。「美にこだわる役者さんからの注文は、難しいけどやりがいがありますね」と主人の山田東哉さん。

4

17:00

1日目

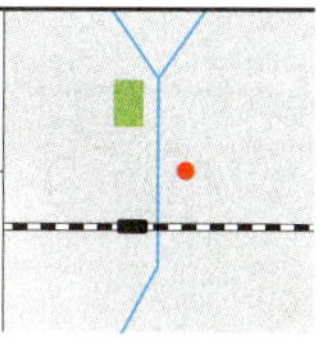

上／中八寸(この子、子持昆布、飯蛸など)。
中／車えびと松葉ガニのジュレがけ。

割烹「祇園川上《ぎおんかわかみ》」で生家の味を楽しむ

夜は松井さんの生家「祇園川上」で夕食。今は、松井さんのお父様のもとで修業を積んだ加藤宏幸さんが店を預かります。「トマトのコンポート」が名物だったという川上。早くから洋風食材も取り入れていたパイオニア精神は今も受け継がれています。

5

19:00

1日目

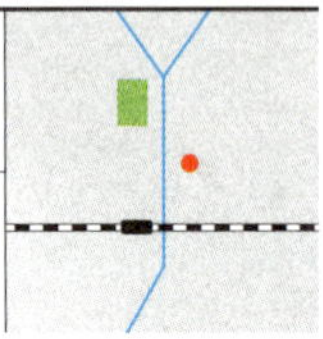

「舶来《はくらい》居《い》酒《ざか》屋《や》いそむら」の“いそやん”と歌舞伎談義

祇園の路地裏の店には、亡き中村勘三郎も通った。

「飲めない私も、歌舞伎談義がしたくて」と松井さんが訪れたのが、名物マスター〝いそやん〟こと礒村遜彦《やすひこ》さんのバー。幼い頃から芝居漬けで育ったいそやんを慕う常連には歌舞伎役者も。松井さんとの劇評や思い出話もついつい白熱。

1日目終了 → 2日目へ

松井さんが20年前に訪れて以来の旧知の仲。

6

10:00

2日目

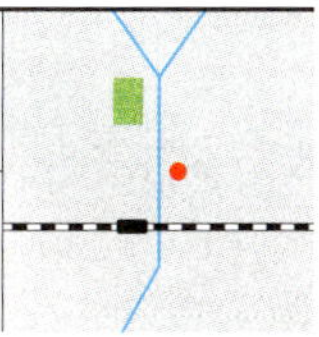

四十七士の子が創業
「原了郭《はらりょうかく》」へ

「黒七味」で有名な原了郭、実は『忠臣蔵』四十七士の一人原惣右衛門の子が漢方の知識を生かし、白《さ》湯《ゆ》に振り入れる香煎《こうせん》を商ったのが起こり。一子相伝《いっしそうでん》の香煎は陳皮《ちんぴ》や山椒《さんしょう》などが入ってスパイシー。松井さんの生家でもお客様に出していた思い出の味です。

スパイシーで
すっきり。
今の時代にも
ウケるかも！

上／香煎の塩味は、四十七士の故郷・赤穂の焼き塩。

2日目は
忠臣蔵
めぐり！

「大星由良之助」(国立国会図書館蔵)

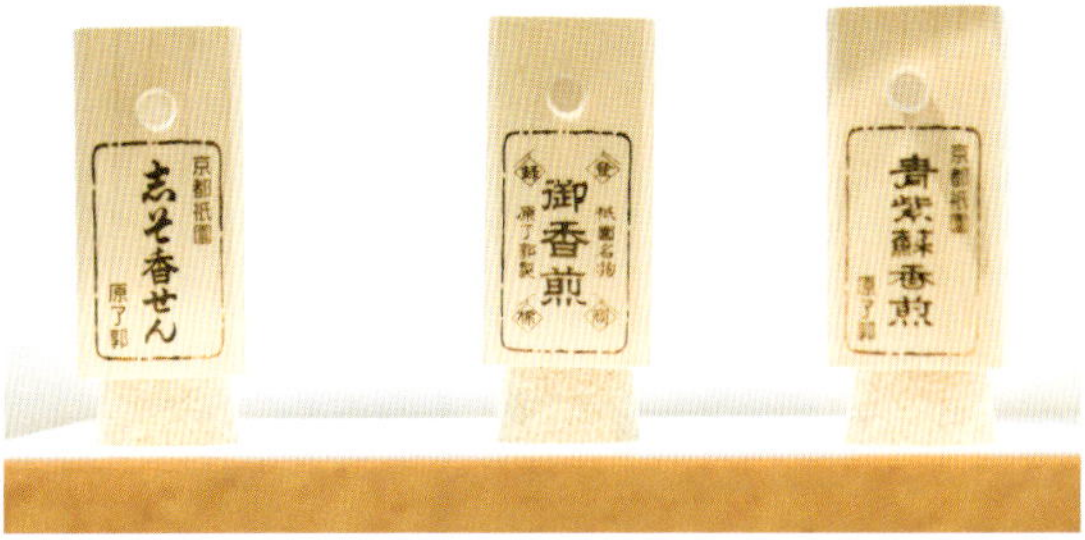
京都祇園
志そ香せん
原了郭
御香煎
青紫蘇香煎

創業時からの御香煎のほか青紫蘇香煎・志そ香せんなど。黒七味は100年前にできた"新製品"とはさすが。

四条川端には、歌舞伎踊りの始祖・出雲阿国(いずものおくに)の像が立つ。

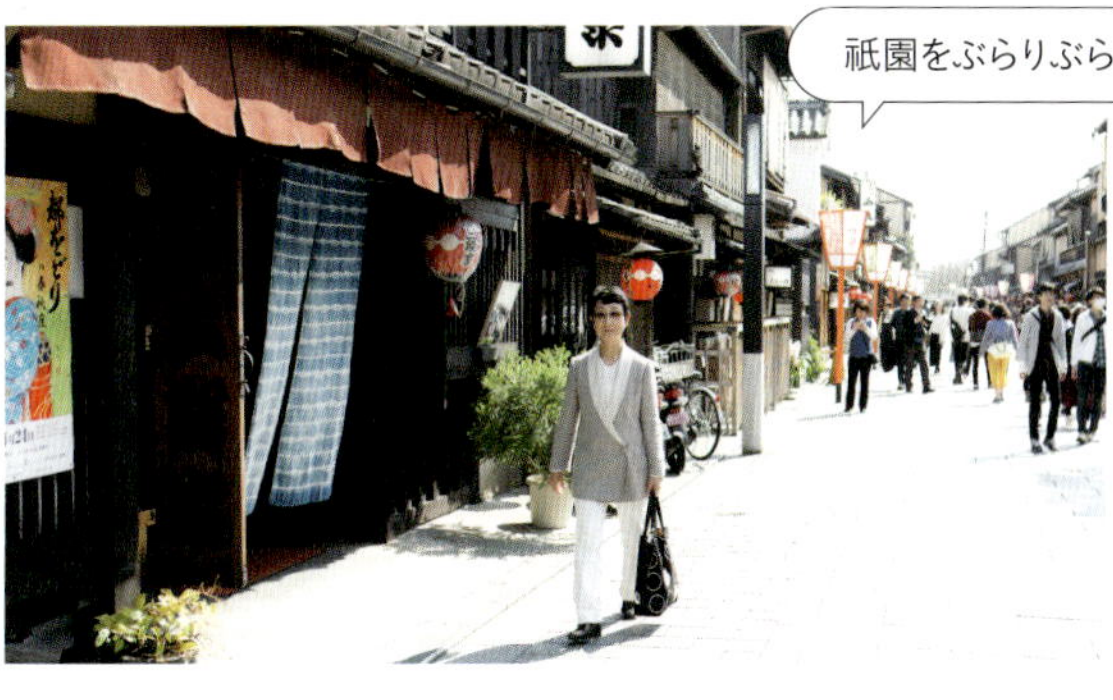
祇園をぶらりぶらり

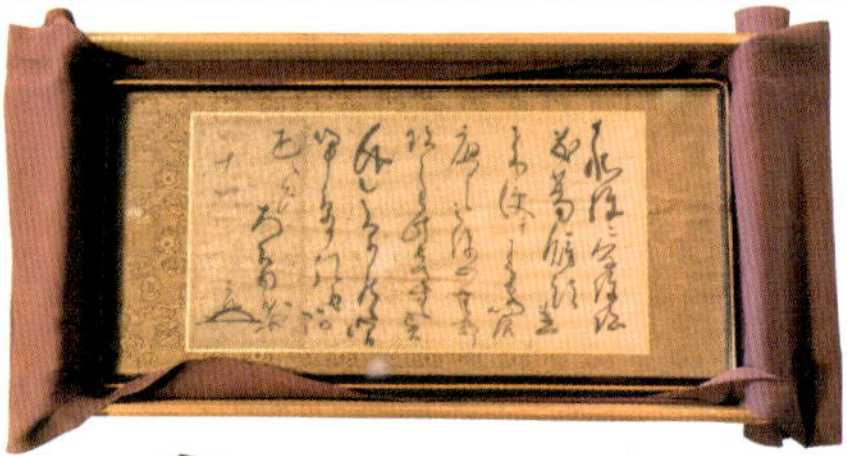

上／内蔵助の書状。
下／内蔵助が弾いて初めてよい音がしたという遺愛の三味線「初音」。

お茶屋「一力亭《いちりきてい》」で大石《おおいし》内蔵助《くらのすけ》の遺品に出会う

7

11:00

2日目

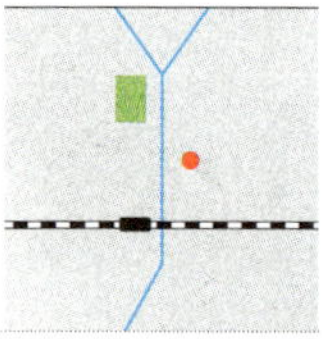

仇《あだ》討ちの機をねらう大星由良之助《おおぼしゆらのすけ》（大石内蔵助がモデル）が、敵の目を欺《あざむ》くために遊ぶお茶屋が一力。『仮名手本忠臣蔵』の華やかな場面です。今回特別に見せていただいた格式高いお茶屋には、内蔵助の書状や遺愛の三味線が。招待客のみが参加できる三月の大石忌では京舞が奉納され、お茶席も設けられます。

「川上」は一力の料理も作っているという、またまた深〜い縁が。

8

12:30

2日目

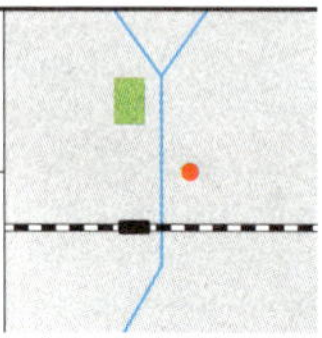

この日、松井さんはスペアリブとスモークサーモンのランチを注文。

祇園にこんなお店！「RIGOLETTO《リゴレット》 SMOKE《スモーク》 GRILL《グリル》 &《アンド》 BAR《バー》」

9

14:00

2日目

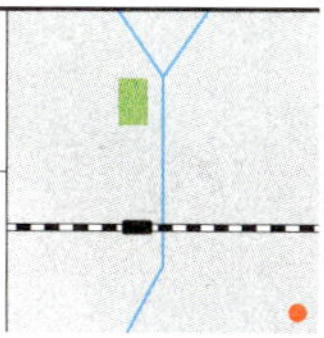

浪曲師の熱意で創建「大《おお》石《いし》神《じん》社《じゃ》」に参拝

内蔵助が隠棲した山科《やましな》へ。大石神社は、昭和初期に浪曲師・吉田奈良丸が発願して創建。「彼ら浪曲師の活躍が『忠臣蔵』を国民的物語にしていきました」と松井さん。四十七士の屏風絵や歴代の映画ポスターなど、宝物殿には『忠臣蔵』愛が詰まっています。

わかりやすさが
“国民的”の
条件ですね

岩屋寺への
ぬけ道

上・左下／12月14日の「義士祭」では、義士などに扮した行列が山科を行進してこの境内を目指す。
右下／境内の内蔵助像には参拝者の願い事がびっしり。

10

15:00

2日目

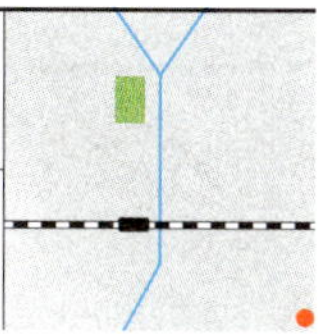

四十七士像がずらり「岩《いわ》屋《や》寺《じ》」へ

竹林を抜けて岩屋寺へ。門前に大石が住み、参拝したとされます。圧巻なのは、四十七士の木像。本人に似せたとされ、一体一体表情がリアル。実際使われた机など遺品の数々も。生々しい迫力に触れて、松井さんも感心しきり。

一体一体
顔が違うん
です

上／遺愛の机・文房具・戸棚……、大石さん宅にお邪魔したような〝大石ルーム〟。
中・下／四十七士像。男たちの気迫に息を呑む……。

京都駅着 ← 東京へ

私が出会った旅の4選

神社の境内にある山蔭神社

吉田神社を創建した人物として
境内に祀られた藤原山蔭は、
日本料理の始祖ともされ、
玉垣には老舗料亭の名前がずらり。

「伏見稲荷大社」で見た石灯籠

よく見かけるのは
火袋に鹿が彫られた春日灯籠ですが、
さすがにここでは狐が
彫られていました。

写真・文＝松井今朝子

祇園の手押しポンプ式共用井戸

私が子供の頃は至る所で
見かけましたが、
今や「川上」の前にあるこれが
祇園で唯一残ったものなのだとか。

「一力亭」の釣《つり》灯《どう》籠《ろう》

『忠臣蔵』の七段目は、
大石内蔵助をモデルにした
大星由良之助がこの明かりで
密書を読むシーンがハイライト。

観光後記

京都を舞台にした歌舞伎の名場面は沢山ありますが、その一つ『仮名手本忠臣蔵・山科閑居《かんきょ》の場』には観光名所を紹介するようなセリフも見られます。つまりは何世紀も前から観光都市だった京都の人の意識には、ウエルカム精神と守りの姿勢が程よく共存しているに違いありません。今回の旅行で私は改めてそれを再認識させられました。

最初に訪れたのは『義経千本桜・鳥居前』の舞台となる伏見稲荷大社。ここは今や世界一の人気スポットらしく、聞きしに勝る外国人観光客の大群に圧倒されっぱなし。神職の岸朝次さんによれば、観光客の激増はSNSが普及し始めた五年前からだそうで、ネット社会は宣伝しなくても世界中にアピールできることの証拠といえます。ただし一方で、昔ながらの聖域が荒らされるリスクも高まりました。

『忠臣蔵・七段目』の舞台である一力亭の女将杉浦京子さんも、最近は宴会の様子を時々ネットで公開されて驚くことがあるのだとか。従ってお客様を迎えるにも一応は紹介者というガードを設けておかないと、花街《かがい》の伝統は守れません。おまけに有形文化財に指定さ

文＝松井今朝子

れてもおかしくない明治初期の木造建築で営業するには、空調設備も取り入れつつ建物自体を保存するのが大変で「うちとこは修理するために商売してるようなもんやて笑《わろ》てますねん」ということにもなるようです。

現代はいかなる商売も消費者あってこそとはいえ、そうしたなかで伝統を守り抜くのも大変な覚悟が要ります。昔馴染みの礒村さんとは、歌舞伎もまた現代の観客を惹きつけてなおかつ伝統芸を崩さない行き方は非常に難しい、というような話をしました。

黒七味で全国に知られた原了郭も、本来の売り物である香煎の調合だけは一子相伝の秘法として敢えて公開せず、それゆえ本店のみの販売になっている事情を専務の原美香さんから伺って、私はなるほどと肯《うなず》けました。

ウエルカム精神と守りの姿勢の共存は山田東哉さんの「職商人」という言葉にも通じます。物作りの職人魂とリーズナブルさを追求する商人の心意気が結晶した京の陶芸品を、古今東西の歌舞伎名優が重宝して来たのは当然のように思えました。

今回のルート

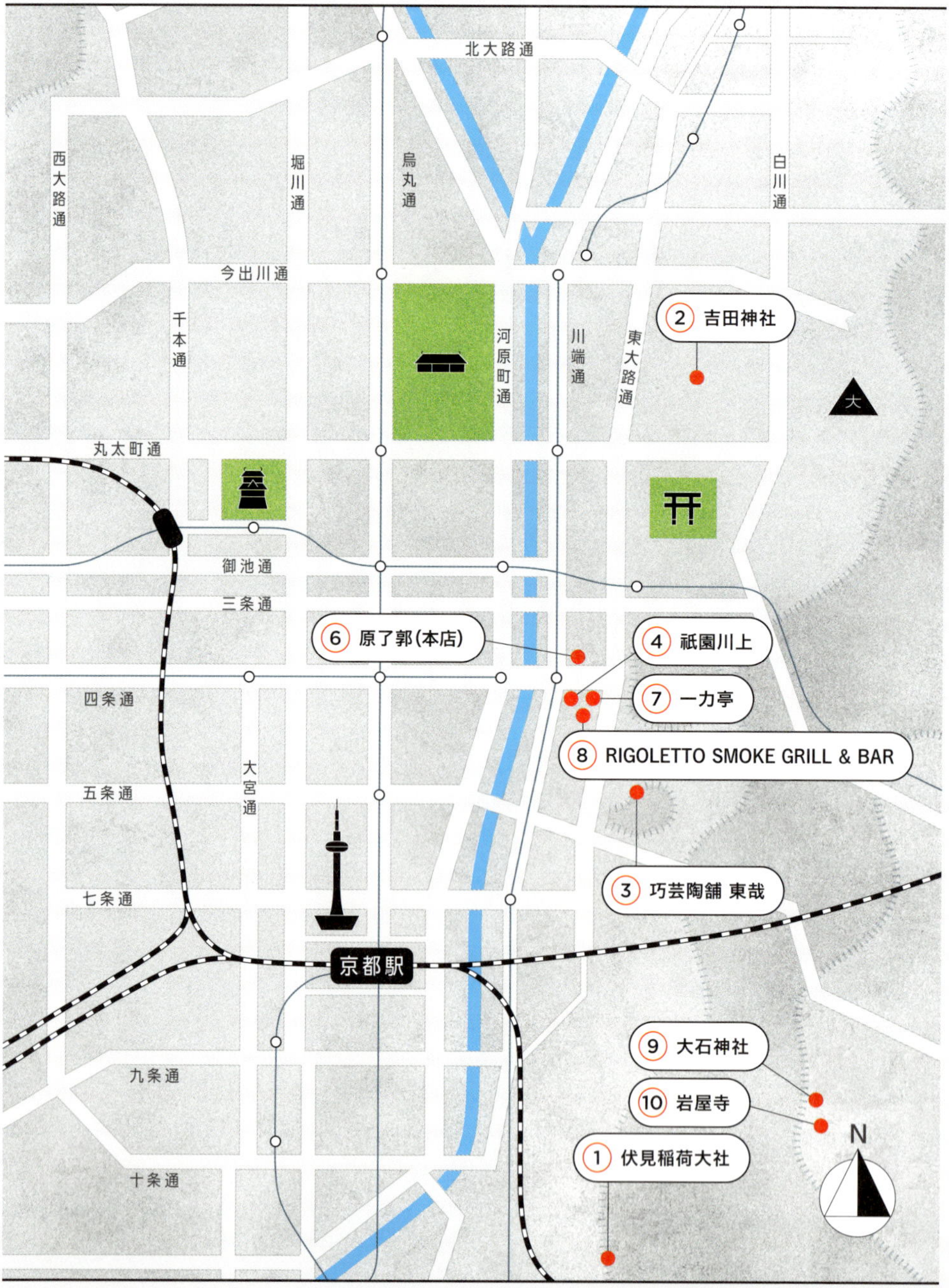

北大路通
西大路通
堀川通
烏丸通
白川通
今出川通
千本通
河原町通
川端通
東大路通
2 吉田神社
大
丸太町通
御池通
三条通
6 原了郭(本店)
4 祇園川上
四条通
7 一力亭
8 RIGOLETTO SMOKE GRILL & BAR
大宮通
五条通
3 巧芸陶舗 東哉
七条通
京都駅
9 大石神社
九条通
10 岩屋寺
1 伏見稲荷大社
十条通
N

行ったところリスト

1日目

① 伏見稲荷大社

京都市伏見区深草藪之内町68　☎ 075-641-7331

② 吉田神社

京都市左京区吉田神楽岡町30　☎ 075-771-3788

③ 巧芸陶舗 東哉(京都清水売舗)

京都市東山区五条橋東6-539-26 茶わん坂　☎ 075-561-4120　営 10時～17時　休 水曜

④ 祇園川上

京都市東山区祇園町南側570-122　☎ 075-561-2420　営 昼12時～14時(L.O.13時30分) 夜17時～21時(L.O.)　休 不定休(夏季・年末年始休みあり)　¥ 夜懐石14000円～(税別)

⑤ 船来居酒屋いそむら

※2018年12月30日で閉店

2日目

⑥ 原了郭（本店）

京都市東山区祇園町北側267　☎ 075-561-2732　営 10時～18時　休 1月1・2日　¥ 御香煎972円(税込)

⑦ 一力亭

京都市東山区祇園町南側569　※紹介制

⑧ RIGOLETTO SMOKE GRILL & BAR

京都市東山区祇園町南側570-192　☎ 075-532-0112　営〈月～土曜・休前日〉11時30分～24時(L.O.)〈日曜・祝日〉11時30分～22時30分（L.O.）　休 無休　¥ おすすめランチコース2000円(税抜)

⑨ 大石神社

京都市山科区西野山桜ノ馬場町116　☎ 075-581-5645　営 9時～16時30分(宝物殿)

⑩ 岩屋寺

京都市山科区西野山桜ノ馬場町96　☎ 075-581-4052　営 9時～16時30分　¥ 拝観料400円

TOUR 36 HOUR

平《ひら》松《まつ》洋《よう》子《こ》さんと行く

エッセイスト

もの作り精神にふれる京都

今回の旅人

平《ひら》松《まつ》洋《よう》子《こ》

1958年、岡山県生まれ。
東京女子大学卒業後、
国内外の各地を取材し、
食文化や文芸をテーマに執筆。
対象にまっすぐに迫り、
細やかな視線を感じさせる文章にファンも多い。
近著に『日本のすごい味 おいしさは進化する』がある。

旅のテーマ

“もの作り精神にふれる京都”

◎平松洋子的、京都旅でこれをしたい

- ☑ 職人魂のこもったクラフトを手にする
- ☑ いつか行きたかったあの店を訪れる
- ☑ 老舗の新しい挑戦にふれる

食や暮らしについてのエッセイで人気の平松洋子さん。

京都といえば、老舗や気鋭の名店ひしめくワンダーランド。

「いつか、と思ってまだ伺えていないお店がたくさん」

と話す平松さん。

京都での36時間、どう過ごしますか？

東京から → 京都駅着

1

10:30

1日目

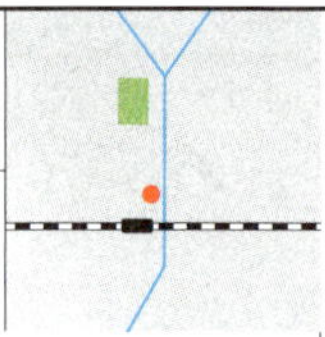

茶筒の老舗の新機軸「Kaikado《カイカドー》 Café《カフェ》」でブランチ

コーヒーはスタッフが一杯ずつハンドドリップ。

駅から歩いて十五分、まず立ち寄ったのは、明治八年（一八七五）創業の茶筒の老舗・開化堂《かいかどう》が営むカフェ。その茶筒を長年愛用する平松さんがぜひ訪れたかった場所です。文化財のモダン建築をリノベーションした店内では、茶筒作りから縁を得た工芸家やデザイナーの食器などが使われ、その魅力を身近に感じられます。「京都のもの作りは、受け継いで次に渡すという長い時間軸で考える。それが強みですね」と、カフェの創業者にして六代目の八木隆裕さん。

茶筒の展示スペースも併設。

ポトフは工芸仲間作の朝日焼のカップで。

2

13:00

1日目

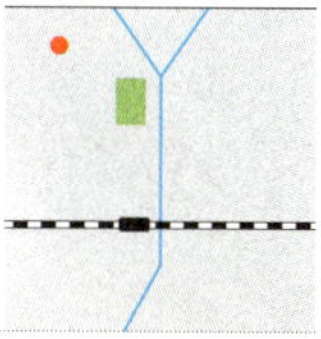

京桶の現在形 「桶《おけ》屋《や》近《こん》藤《どう》」を見学

京都流の木桶「京桶」の伝統を継ぐ工房へ。京桶の特徴は洗練されて「シュッとした」姿。無骨なものは「テンコツ」と一蹴されます。光も漏れないほどぴったり板を合わせる作業を「正直を押す」と呼びます。花桶、カップ、片口など、面取りして細めのタガをきりりとはめた桶たちは、正直で真摯な仕事のたまものです。

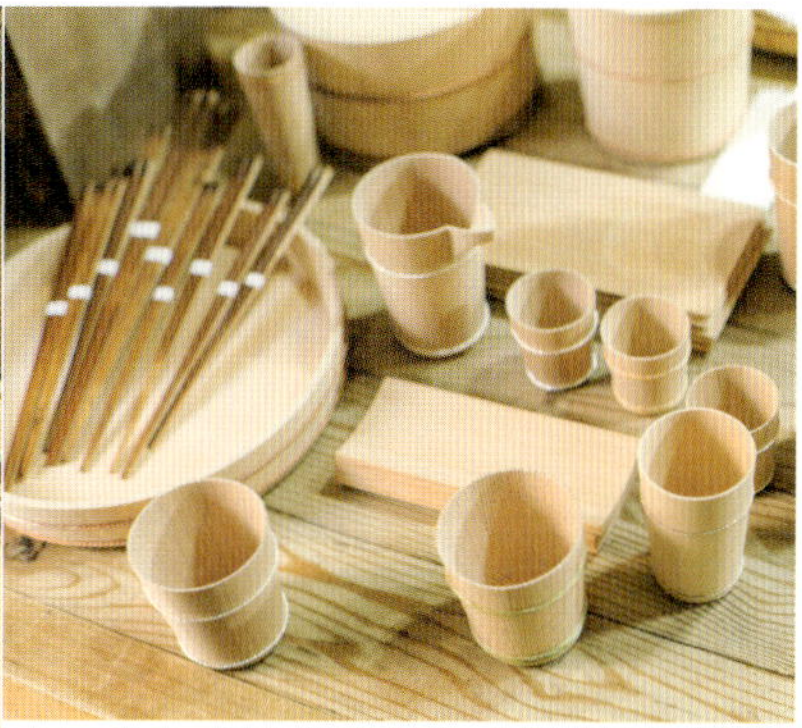

光に透かして板の隙間を探す職人の近藤太一さん（左）。作る桶は大小さまざま。「お客さんの注文が、定番の形になることもあります」

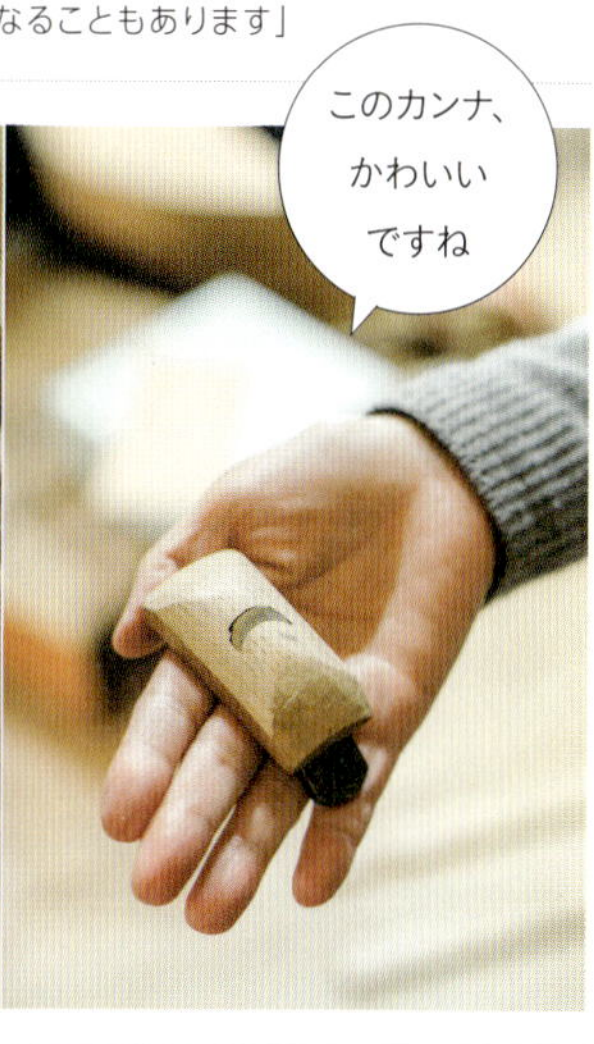

旅歩き！ いろいろ

お寺の中に
お店が

旅の
醍醐味は
街歩き！

京都の台所錦市場。

近藤さんの桶、発見！

左／本山佛光寺の境内には、セレクト日用品店「D&DEPARTMENT KYOTO」が。地元のさまざまな工芸品が並ぶ。

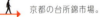

3

18:00

1日目

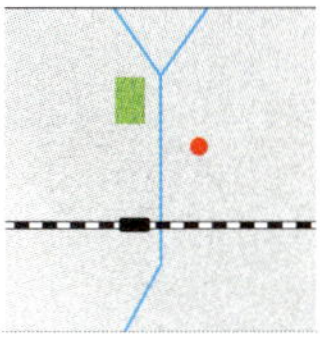

いつか来たかった
中華料理店「京《きょう》、静《せい》華《か》」

夕食は「京、静華」。浜松で二十五年続けた店を「歴史ある土地で」と京都に移して十年。店主の宮本静夫さんが目指すのは水彩画のように味を重ねてもクリアな料理。一口食べて平松さんはまず一言「すごい」。「奥から旨みがやってきてフッと消える。静かな味わいなのに、とても強いです」。素材の味を繊細な調理で引き出す、引き算の中華です。

上左／熱々のふかひれ姿煮。
中／8種の野菜といただく牛肉の黒酢ソースがけ。
下／締めは人気の杏仁豆腐。

この日のコースメニュー

◎干しなまこの酢辣ソース
◎ツバメの巣のキャビア添え
◎中華風ひらめの刺身
◎ふかひれ姿煮
◎ほたての香り炒め
◎甘鯛の蒸し物
◎牛肉の黒酢ソースがけ
◎伊勢海老のチリソースがけ
　カレー風味の饅頭と
　ポーチドエッグ添え
◎上湯麺
◎杏仁豆腐
◎洋ナシと苺の飴がけ

1日目終了

2日目へ

4

10:00

2日目

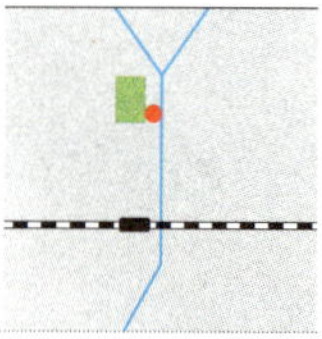

足元を見つめる書店「誠光社《せいこうしゃ》」

読書家で知られる平松さんが向かったのは書店「誠光社」。食や生活の本、過激な専門書、リトルプレス……。店主によるゆるやかにテーマ分けされた棚は、既知の作家にも違った魅力を発見できるから不思議です。

繁華街から少し外れた立地、展覧会やトークイベントを開く営業形態、店舗二階に住む職住一体のスタイルも、「無理をしない」「手の届く範囲で仕事をする」ための選択だったそうです。近年は独自に本を出版するなど京都の情報発信地になっています。

店主の堀部篤史さんと。「情報発信する書店の存在に、書き手として励まされるようです」と平松さん。

左上・下／平松さんご購入。『御所東考現学』は誠光社周辺の「御所東」エリアを観察、イラストで記録した誠光社刊行の本。店内で原画展も開かれていた。

5

12:00

2日目

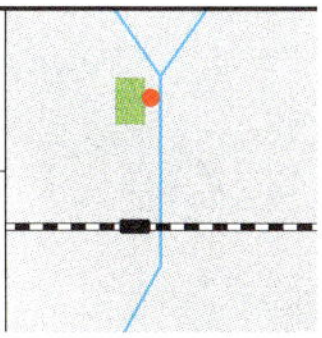

地元に愛される喫茶店「かもがわカフェ」と「御《ご》所《しょ》東《ひがし》」エリア散策

誠光社から歩いて5分、かもがわカフェでひと休み。喫茶、ランチ、ディナーまであり、ご近所の店主たちもバー感覚で疲れを癒す。

立ち飲みもできる酒屋さん、エスニック料理店など、京都御所の東には味のある店が多い。

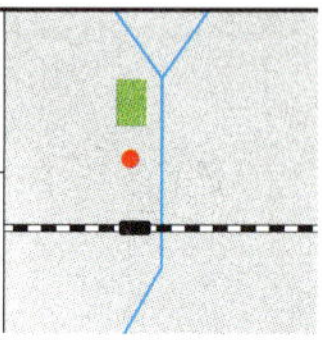

6

13:00

2日目

気軽で本格的な「洋食《ようしょく》おがた」でランチ

家後族連れの子どもがスタッフに「久しぶりやね!」と迎えられて入っていく。平松さんが「知人からもよく名前を聞いていて」という「洋食おがた」の大きなハンバーグは、定食屋の親しみやすさとフレンチのこだわりが融合。店主の緒方博行さんが目指す「週一回通える洋食屋」のスタイルは、客が料理人に素材と調理法を注文して、自分なりの楽しみ方ができる京都の割烹《かっぽう》がモデルとか。

夜は「こんな料理食べたい」の注文にも応えます

ビストロで修業を積んだ店主の緒方さんと。
「イキのいい洋食屋さんです!」と平松さんも興奮。

洋食 おがた
YOSHOKU OGATA

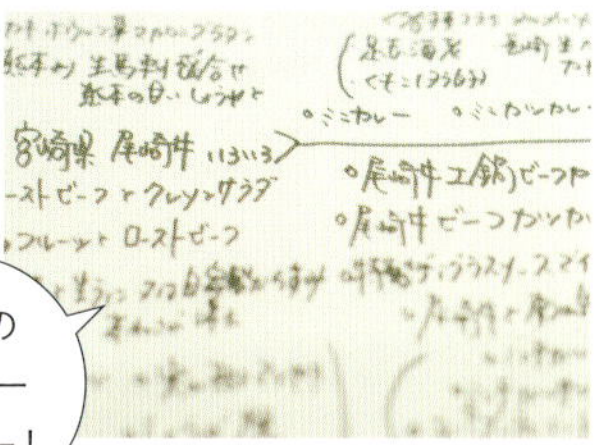
迫力のディナーメニュー!

ランチのハンバーグには京野菜の大皿サラダが付く。夜は産地直送の牛肉料理ほか、その日の仕入れでメニューが変わり、「ゆっくりお酒を」の要望にも応えてくれる。

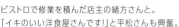

7

16:00

2日目

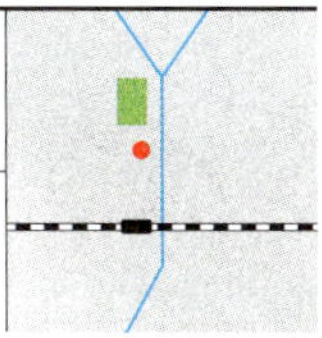

「一《いっ》保《ぽ》堂《どう》茶《ちゃ》舗《ほ》」でお茶の淹《い》れ方ワークショップ

36

時間の旅の締めくくりは、京都人の信頼を得る老舗・一保堂茶舗。この日は、うつわ展とワークショップ「お茶のある暮らし」に参加。お茶の種類と味のレクチャーに続いて淹れ方を習い、煎茶と一緒に、器作家のイイホシユミコさん特製の丼で蒸し寿司をいただきます。評判の菓子舗・聚洸《じゅこう》のきんとんは自ら点てた抹茶とともに。リピーターが絶えないワークショップは、器に食と、お茶から広がる生活を提案してくれます。

お茶のエキスパートが淹れ方を伝授。和菓子の器や急須もイイホシさんの作。

京都駅着 ← 東京へ

左／会場ではイイホシさんのうつわ展も。
右／急須に手を当て、熱を感じたら淹れ頃。

「開化堂」の
ご家族との再会

二十数年来の長いおつきあい。
久しぶりに聖二・和子夫妻とも
お会いし、みんなでパチリ、
記念撮影。

ひょっこり
京都タワー

JR京都駅を出て
京都タワーと対面。
ふと振り返ったら、
背後からも歓迎してくれていた。

写真・文＝平松洋子

路上の
自転車通行マーク

京都の町は自転車がスイスイゆく。
あちこちに自転車の
通行表示があり、
レーンがわかりやすい。

丸《まる》太《た》町《まち》の路地

昭和の暮らしを彷彿させる
銭湯とサウナ。
建物のしつらえが
そこはかとなく艶っぽい。

観光後記

旅の道中からずっと感じていたのは、京都は「もの作り」の町、職人の町だということだ。今回さまざまな方々にお会いすればするほど、ものを生み出すための技術や知恵とともに、京都という土地に暮らす生活者としての佇《たたず》まいをひしひしと感じた。研鑽を積んで培った技術、個人としての暮らし、両者が不即不離の関係を結んでいる。つまり、土地と人間との関係が濃く、双方向の関わりが多様性を生み出しているのだ。

最初に伺ったのは、七条にオープンした「Kaikado Café」。私は二十数年間「開化堂」の茶筒をいくつも使い続けつつ、その技術や革新性を熟知しているつもりだったが、さらに新しい世界の扉が開いた様子に驚かされる。歴史的建造物をリノベーションしたカフェには、時代や国境を超えてゆこうとする気概が満ちていた。現在六代目を担う八木隆裕さんは伝統工芸に携わる若い後継者たちと協力し合いながら、「もの作り」の価値を広げようと格闘中だ。

「百年先まで作り続けてゆくために、新しいものを十年かけて生み出していきたい」

文＝平松洋子

隆裕さんのたくましい言葉、ほがらかな笑顔が、「ええ加減は〝いい加減〟」を座右の銘となさる茶筒作りの名人、父・聖二さんの姿勢と重なって映ったことは望外の喜びだった。「もの作り」の町はお互いが鍛え合い、日々更新を怠らない。老舗「一保堂茶舗」のお茶をめぐる果敢な取り組み、「桶屋 近藤」のたゆまぬ仕事ぶり、あるいは書店「誠光社」や「かもがわカフェ」のある丸太町界隈の自由な空気は、みなが大事に育んできたものだ。「京、静華」の清澄きわまりない味わい、「洋食おがた」のエネルギッシュな勢い……ずっと圧倒されっぱなしの36時間だった。

それぞれの個性が研鑽し合い、生み出されたものが、あらたに京都を生かす――この連環を原動力として、京都はまるで刺激的な生き物のように呼吸していた。

なごむというよりむしろ、叱咤激励された旅だった。

今回のルート

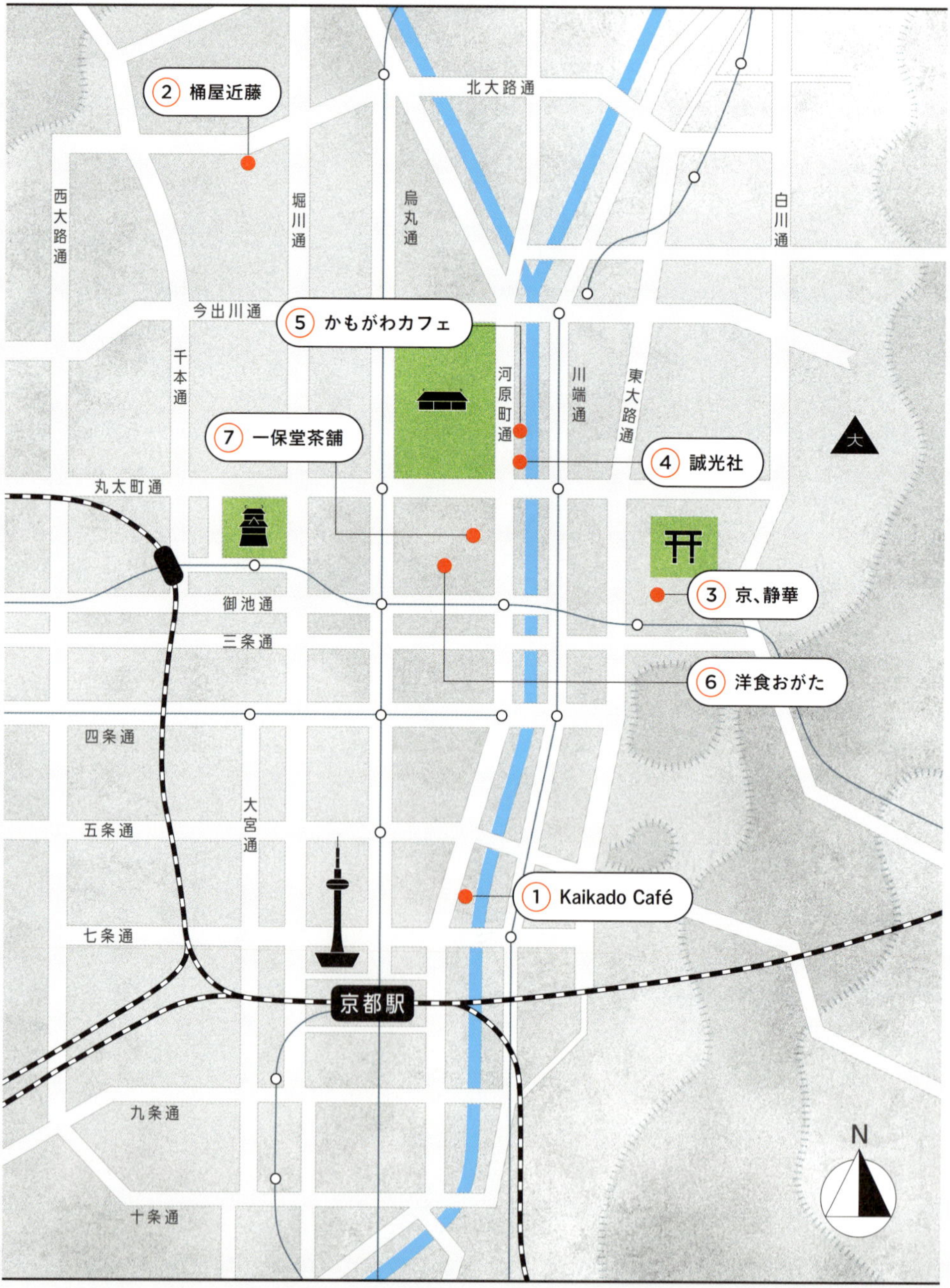

2 桶屋近藤
北大路通
西大路通
堀川通
烏丸通
白川通
今出川通
5 かもがわカフェ
千本通
河原町通
川端通
東大路通
7 一保堂茶舗
4 誠光社
大
丸太町通
3 京、静華
御池通
三条通
6 洋食おがた
四条通
大宮通
五条通
1 Kaikado Café
七条通
京都駅
九条通
十条通
N

行ったところリスト

1日目

① Kaikado Café

京都市下京区河原町通七条上ル住吉町352 ☎ 075-353-5668 営 10時30分～19時(L.O.18時30分) 休 木・第1水曜(夏季・年末年始休業あり) ¥ 月替わりのポトフ パンセット1000円(税込)

② 桶屋近藤

京都市北区紫野雲林院町64-2
※Eメール：kondo-tr@jewel.ocn.ne.jp
※取り扱い店舗：D&DEPARTMENT KYOTO ほか
※訪問時は要事前連絡

③ 京、静華

京都市左京区岡崎円勝寺町36-3 2F ☎ 075-752-8521 営 17時30分～20時30分(最終入店) 休 月、その他不定休 ¥ コース10000、15000、20000円～(税・サ別、要予約)

2日目

④ 誠光社

京都市上京区中町通丸太町上ル俵屋町437 ☎ 075-708-8340 営 10時～20時 休 12/31～1/3

⑤ かもがわカフェ

京都市上京区西三本木通荒神口下ル上生洲町229-1 ☎ 075-211-4757 営 12時～23時（L.O.22時30分） 休 木曜 ¥ かもがわハウスブレンド(深煎り) 500円(税込)

⑥ 洋食おがた

京都市中京区柳馬場押小路上ル等持寺町32-1 ☎ 075-223-2230 営 昼11時30分～14時30分(L.O.13時30分) 夜17時30分～22時(L.O.21時) 休 火曜(月1回不定休あり) ¥ 特製ハンバーグ(サラダ・スープ・ライス or パン付) 2300円(税別)

⑦ 一保堂茶舗(京都本店)

京都市中京区寺町通二条上ル ☎ 075-211-4018 営 9時～18時(喫茶室嘉木10時～18時 L.O.17時30分) 休 年末年始
※展示・ワークショップの開催日は要事前確認

TOUR

36

HOUR

田《た》中《なか》孝《たか》幸《ゆき》さんと行く

フラワーアーティスト

草花の京都

今回の旅人

田《た》中《なか》孝《たか》幸《ゆき》

1981年、三重県生まれ。
出版の世界を経て花植物の世界へ。
花卸市場に勤務していた頃
フラワーアーティストのダニエル・オスト氏と出会い、
そのアシスタントを勤めた後、2014年に united flowers を設立。
空間装飾、ランドスケープ、広告、コミュニケーションデザイン、
アートプロジェクトなど多岐にわたって活躍中。

旅のテーマ

“草花の京都”

◎田中孝幸的、京都旅でこれをしたい

- 京都の職人技に花の心を学びたい
- 京都らしい花と道具に出会いたい
- いつもの散歩コースで草花と出会いたい

気鋭のフラワーアーティスト田中孝幸さん。
四季のめぐりを大切にしてきた京都には、
花や、草花にまつわる意匠がたくさん。
「京都の花は特別」という田中さん、
京都での36時間、どう過ごしますか？

東京から 京都駅着

1

10:30

1日目

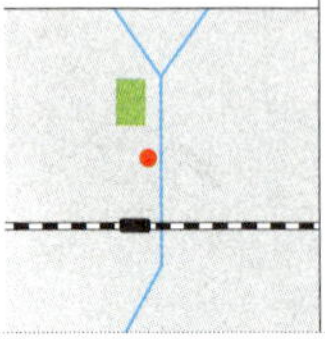

花屋の大先輩「花政《はなまさ》」へ

下／開く前の山芍薬（やましゃくやく）の実。「これがお店に並ぶのは京都ならでは」。

まず向かったのは花屋の老舗「花政」。数々の名店の店先に季節の花々を「活け込む」のが花政スタイル。「一輪の花で空間が変わる、そんな花が好きです」と語る主人・藤田修作さん。その違いを感じ取れる京都の人々が、四季の演出を支えています。

月曜の朝は、市場から仕入れて水揚げした花々が並ぶ。

右／お店の裏手、藤田さんが営むバー「文久」。土壁に凜と花が活けられ、大人の「遊び」の世界が広がる。

2

13:00

1日目

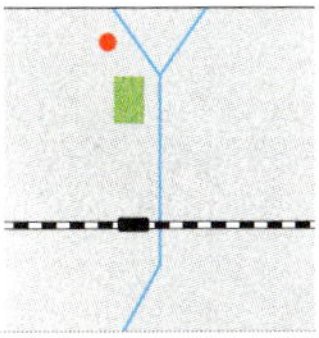

花の和菓子を「紫野《むらさきの》 源《げん》水《すい》」で

花の和菓子を求めて菓子舗「紫野源水」へ。「菓子と銘が合わさって初めて京菓子」と主人・井上茂さんが話すように、源水の菓子は姿と銘から情景が浮かぶ。「素材に手の熱を伝えないよう、本当は触れずに作りたい」という言葉に「花も同じです！」と意気投合。

上／美しい花の主菓子。「桔梗」「着せ綿」「こぼれ萩」（左中から時計回り）。
右下／「松の翠」や「麩焼煎餅 式部せんべい」など定番菓子も。

3

15:00

1日目

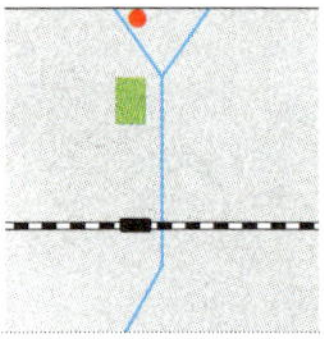

いつもの散歩コース「京《きょう》都《と》府《ふ》立《りつ》植《しょく》物《ぶつ》園《えん》」から
鴨川エリア

すきまがある
日常感が
いいんです

「山野草アートボトル」。色が鮮やかなままのドライフラワーに興奮。

京都での散歩コース「京都府立植物園」へ。地元の人もゆったり過ごせる「日常感」がお気に入り。温室は「昼夜逆転室」や「高山植物室」などのバリエーションが魅力です。植物の本を収める、屋外のゆるーい「きのこ文庫」が田中さんおすすめ。

高山植物室

昼夜逆転室

上／クーラーとドライミストで高山の気候を再現。下／普段目にする機会の少ないゲッカビジンなど、夜に咲く花々が見られる。

きのこ文庫

植物園から鴨川へ、がいつものコース。川と山並みの景観からアイディアが生まれることも。

4

18:00

1日目

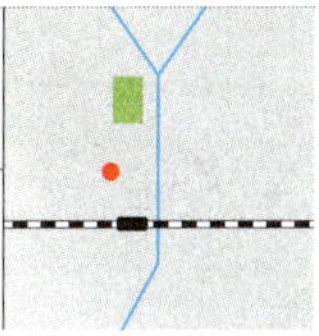

引き算の和食「緒《お》方《がた》」

夕食は「緒方」へ。京都の料亭で修業を積んだ緒方俊郎さんが開いた、食通の間で話題の人気店です。「足す」のではなく素材から「引き出す」という緒方さんの料理哲学は、「花のお手本」と話す田中さん。「命」を素材に扱う者同士、会話が弾みます。

1日目終了

2日目へ

上／赤土の壁が印象的な店内はシンプルな佇まい。
中上／黒蜜じゅんさい。 中下／アワビの琥珀のゼリー添え。

シンプルな焼き茄子。「花でこれができるか問われているよう」。

5

9:00

2日目

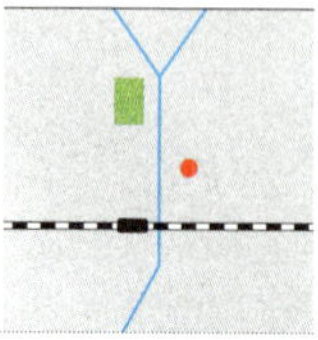

「建《けん》仁《にん》寺《じ》 両《りょう》足《そく》院《いん》」で朝坐禅

建仁寺塔頭《たっちゅう》・両足院はアーティストが集い、現代的な京焼の展覧会などを催す文化の拠点。ここで田中さんは、伊藤東凌《とうりょう》副住職の手ほどきで朝坐禅を。「坐禅は常に変化する自分を感じる練習です」。副住職の坐禅会は論理的かつ現代的。心を調えて一日がスタート。

庭では半夏生（はんげしょう）が盛り。

坐禅指導の伊藤副住職は田中さんの友人。
田中さんは両足院で花を展示したことも。

6

10:00

2日目

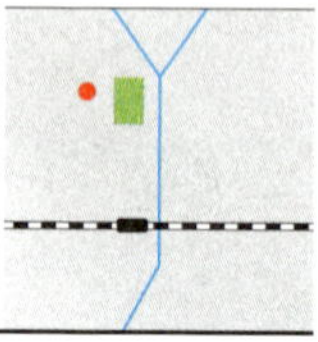

美術館前にモーニング「カフェ デ コラソン」

東京の名店「バッハ」の店長だった川口勝さんがオープン。こだわりのコーヒーとパンのモーニングが人気。

7

11:30

2日目

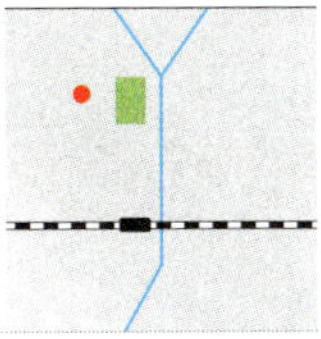

「樂《らく》美《び》術《じゅつ》館《かん》」で造形と花に出会う

館内には樂家歴代の作品がずらり。※展示は取材時の企画展。

花に欠かせない「器」の原点に触れたいと訪れたのは、樂家歴代の作品が並ぶ「樂美術館」。土と火が生んだ造形に「生々しい」と真剣な表情の田中さん。館内には、当代樂吉左衛門さんが自ら入れた花が各所に見られます。樂家の庭で摘まれたという草花も、見どころのひとつです。

当代吉左衛門さんが入れた花々。アトリエの庭の竹を伐った花入(左上)など花器にも注目。

8

13:00

2日目

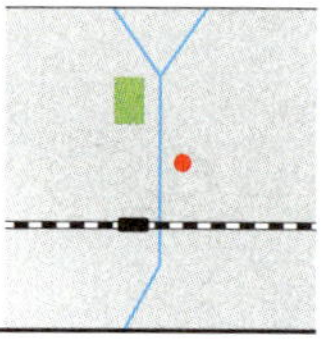

祇園の京都中華「盛《せい》京《きん》亭《てい》」で昼食

チャーハン、から揚げ、肉団子。客に芸舞妓さんも多く、香辛料なしの素朴な味。

9

14:00

2日目

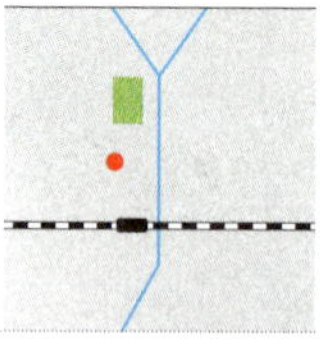

花バサミの名店「金《かね》高《たか》刃《は》物《もの》老《ろう》舗《ほ》」

華道流派「池坊《いけのぼう》」ゆかりの、六角堂向かいにある「金高刃物老舗」へ仕事道具を探しに。花バサミ、花器、カミソリなど圧巻の品揃え。店の奥の鍛冶場では当主の弟・山田佳孝さんが、職人用の特殊な刃物や美術品修復用のナイフまで、あらゆる注文に応えています。

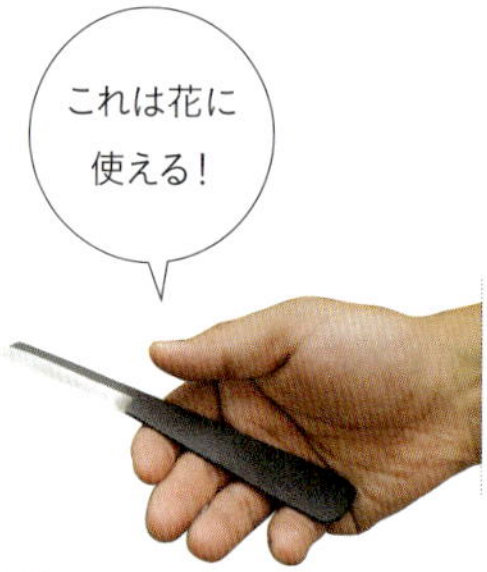

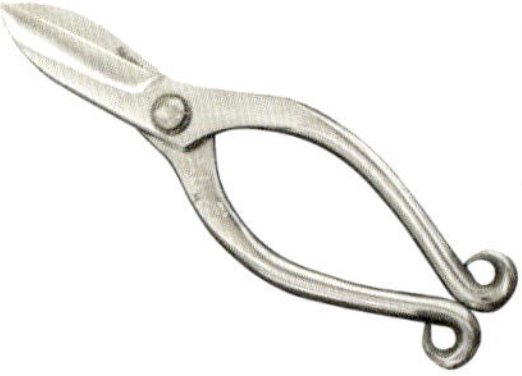

鉄と鋼を合わせた花バサミは切れ味抜群。ナイフ派の田中さんは、画家の求めで作った「鉛筆削り用カミソリ」(上)に注目。

10

16:00

2日目

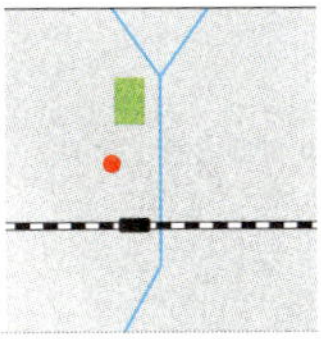

京友禅の老舗「千《ち》總《そう》」で草花に出会う

着物や絵画、染織資料などの企画展が開催される「千總ギャラリー」。

工芸と草花といえば着物。友禅の老舗「千總」本社には、直営の呉服店、二万点もの資料を展示するギャラリー、技術を応用したストールなどを扱うお店も。四季の草花が描かれた訪問着に「草花の理想の姿。想像力が刺激されます」と田中さん。

この和と洋のバランス感、見習いたい

服飾雑貨を扱う「SOHYA TAS」で。
日本画家今尾景年（いまおけいねん）の図案がストールに。

京都駅着 ← 東京へ

すべて手仕事で作られた花車文の訪問着に感嘆。

私が出会った旅の4選

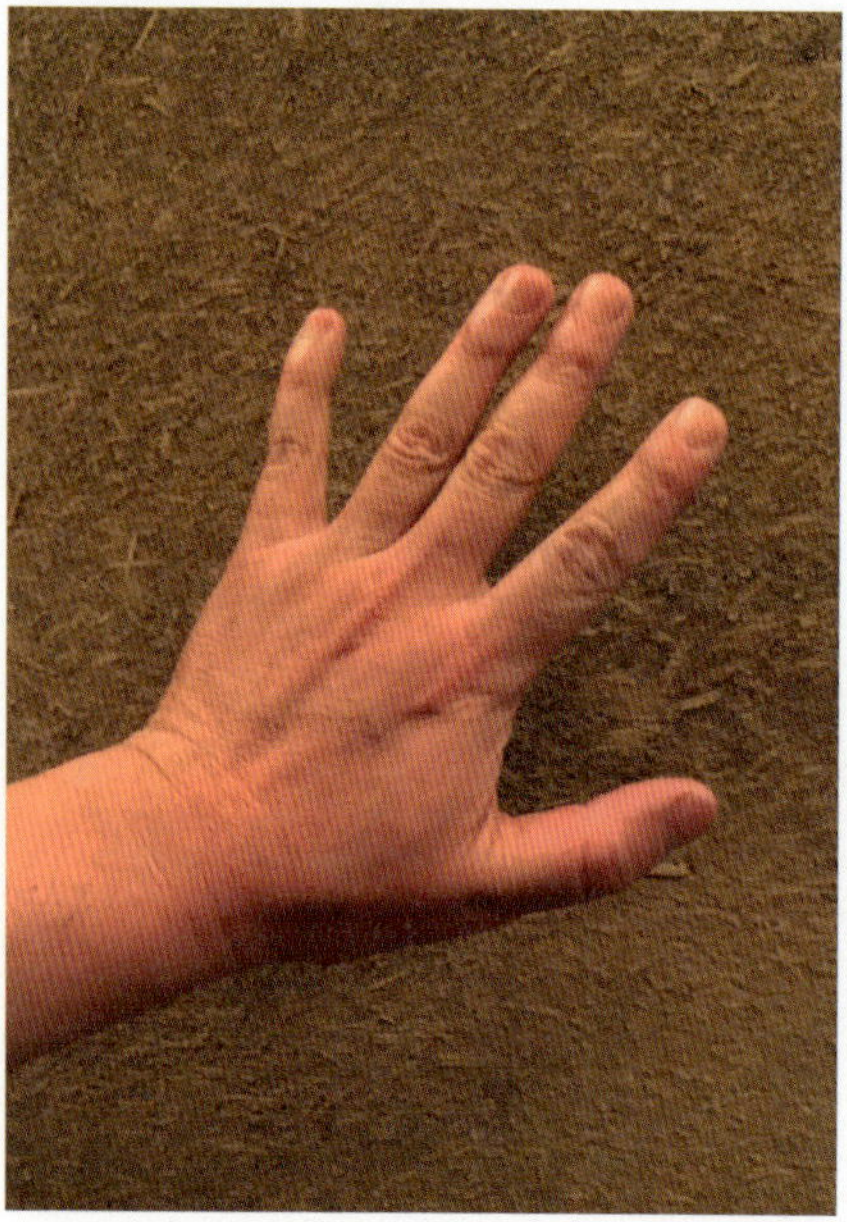

和食「緒方」
緒方俊郎さんの手

帰り際どうしても手を撮らせて頂きたく
なり、差し出がましくもお願いして、
料理人・緒方俊郎さんの手を。
自然の理を物語るかのように、
全てはこの手を介して生まれる。
河井寛次郎の言葉「手考足想」が
私の心に浮かんでいた。

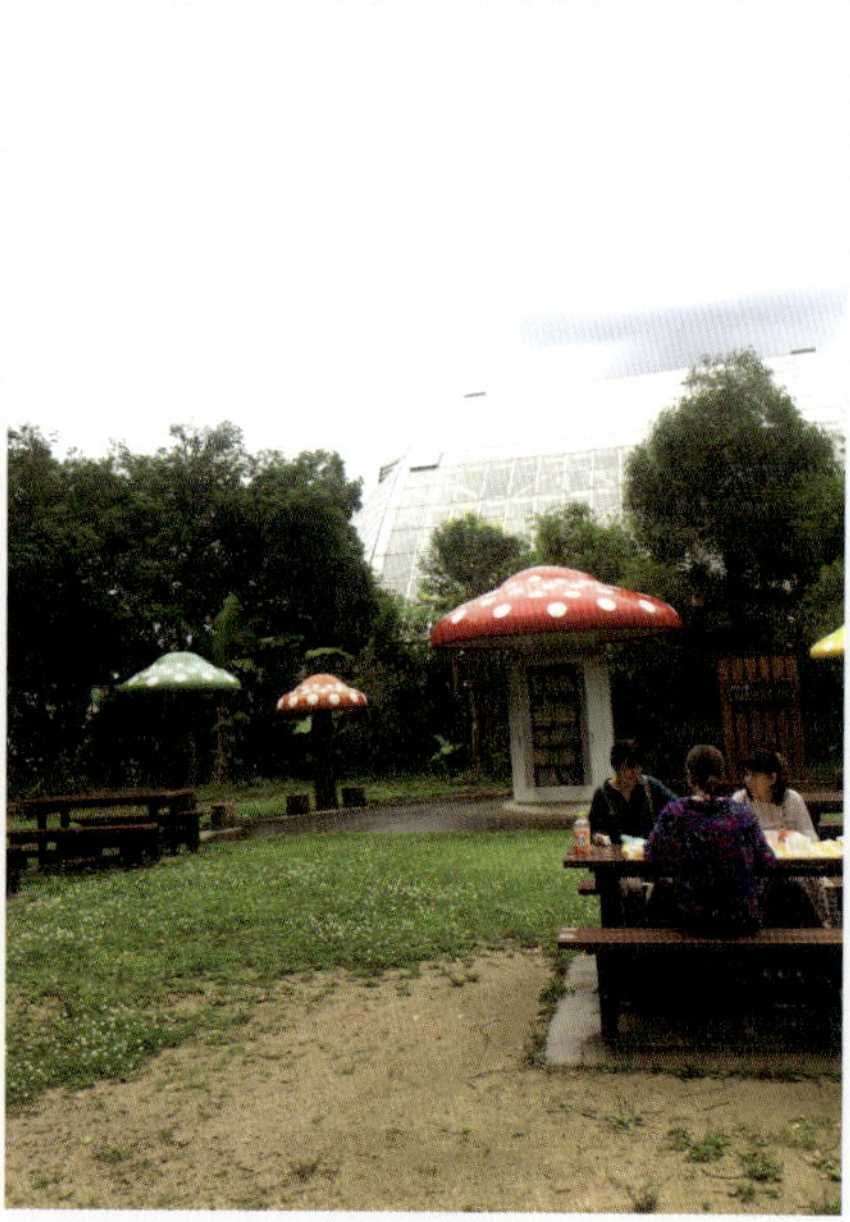

植物園の
きのこ文庫

私の京都でのランニングコースである
植物園は、市井《しせい》の無数の日常に
出会える好きな場所だ。
植物にまつわる本が
きのこのお腹に詰まっている
きのこ文庫につい和んでしまう。

写真・文＝田中孝幸

友禅の草花

京都では、花鳥風月を日常に取り入れて

長く楽しんできた人々の趣に

心震える瞬間がある。

その巧さ、美しさ、

そしてユーモアを見た京友禅。

「建仁寺両足院」の
庭師さん

坐禅の後にぼんやりと両足院の

庭を眺めていると、

背が伸びた半夏生からカサカサと音が。

庭師さんが養生中だった。

美しく四季を感じられるものの陰で、

熱心にそれを支える人を見た。

それもまた京都の風景なのだと想う。

観光後記

京都ほど想像に適した場所はないと思う。あちらこちらに想像をかき立てる愉しい仕掛けがちりばめられている街、それが私の京都観の一つである。

例えば、季節を表現した和菓子。見た目に美しく、すぐにでも食べてしまいたくなる御菓子。でもしばし待て。紫野源水さんを訪ねた時、上品な女性のお客様がいらして仰った一言が記憶に残っている。

「ご主人、この御菓子の銘は？」

なるほど、美しく美味しいだけでは終わらないのだ。この御菓子の「銘」を問うて、自身の想像と作り手の想像との差を楽しむ。決して単なる消費だけでは終わらない。その想像の余地が日常に数多《あまた》残されているところが、私が京都に惹かれる所以《ゆえん》の一つである。

私の生業は花である。今回の旅では、生物としての花だけを追いかけるのはいささか勿《もっ》体《たい》無い気がしたので、四季を捉えて仕事をされている方々と出会う旅ではどうかと提案した。老舗花屋、お料理屋、老舗刃物店、植物園、鴨川の風景、禅寺、喫茶店、美術館、中

文＝田中孝幸

華料理店、京友禅の老舗……出会う皆さまからここに書ききれない程の示唆や問いを頂いた気がしている。そのいずれもが想像の種そのもののようだった。心から感謝申し上げたい。樂美術館では、東京から花を生業にしている者が来るからと、樂家のご当代がお花を自ら活けて下さっていた。初代長次郎作の静的で生気漲《みなぎ》るお茶碗を拝見しながら、当代の花が語る言葉を想像する時間は私にとって脈打つ時でもあった。

自らが生んだものの評を取り立てて言葉にしない。時にそれは杓子定規的に京都人のイケズさに結び付けられるのかもしれない。しかし、私にとっては少し違う。言葉や意味は、既にものや場や所作に宿っているもので、あとはそれを「野」に託しつつ生み手自らも想像し続けるのである。

花政の御主人藤田修作さんが呟かれた一言が消えない。「全て周りのあることやから」内と外への想像力、これが京都文化の源泉であるようにも想う。その想像性を「野」に、つまり我が身に問われている感が心地よく、私はまたしばらく京都を離れられそうにない。

今回のルート

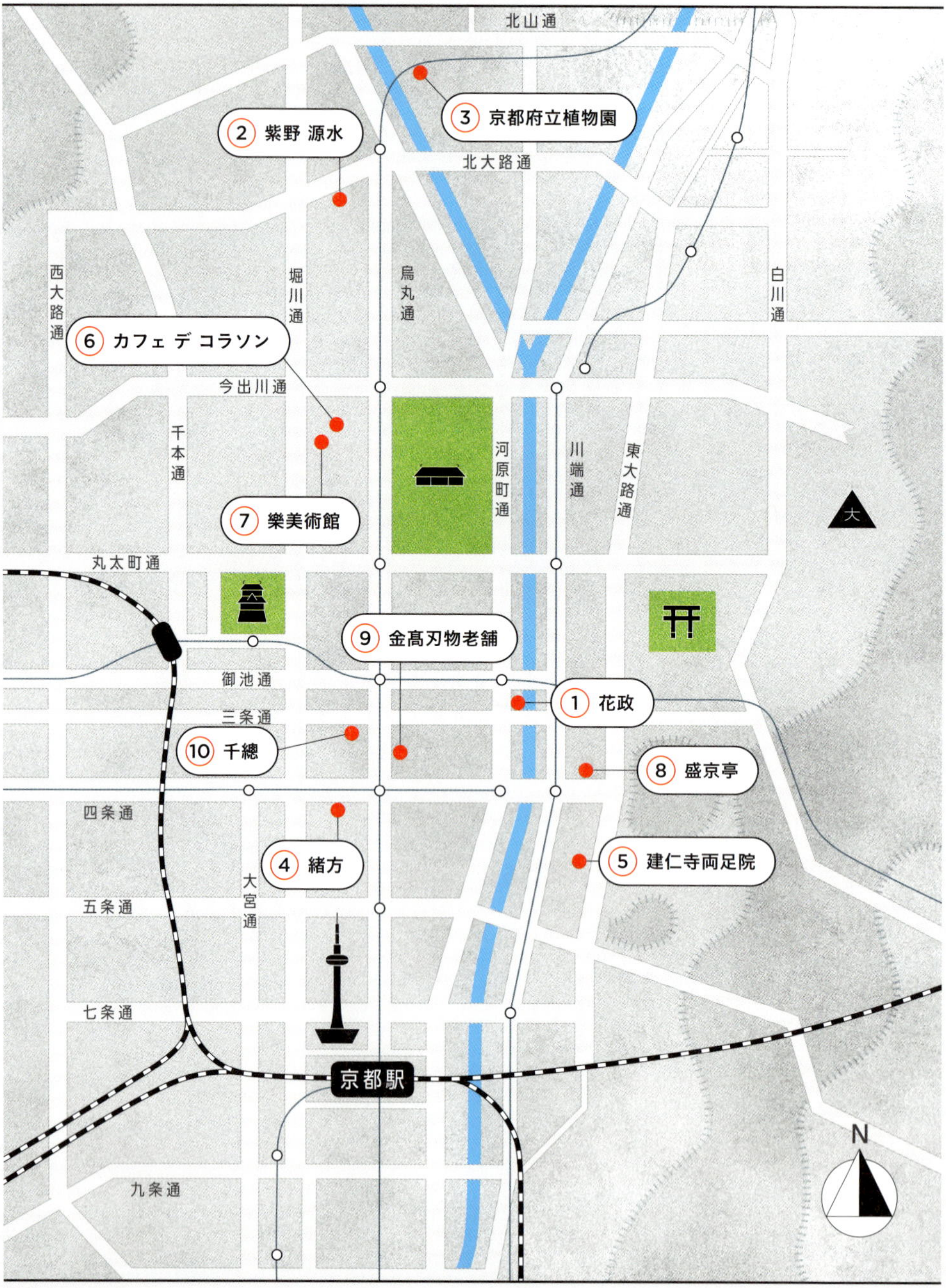

北山通
3 京都府立植物園
2 紫野 源水
北大路通
西大路通
堀川通
烏丸通
白川通
6 カフェ デ コラソン
今出川通
千本通
河原町通
川端通
東大路通
7 樂美術館
大
丸太町通
9 金高刃物老舗
御池通
1 花政
三条通
10 千總
8 盛京亭
四条通
4 緒方
5 建仁寺両足院
大宮通
五条通
七条通
京都駅
九条通
N

行ったところリスト

1日目

① 花政

京都市中京区河原町通三条上ル東入恵比須町433　☎ 075-231-2621　営 9時～19時30分　休 無休

② 紫野 源水

京都市北区小山西大野町78-1　☎ 075-451-8857　営 9時30分～18時30分　休 日曜・祝日　¥ 主菓子430円(税込)～

③ 京都府立植物園

京都市左京区下鴨半木町　☎ 075-701-0141　営 9時～17時(最終入園は閉園1時間前)　休 年末年始　¥ 一般200円

④ 緒方

京都市下京区綾小路通西洞院東入新釜座町726　☎ 075-344-8000　営 16時～18時30分　19時～21時30分　休 月曜・不定休　¥ 完全予約制。コース25000円(税別)～

2日目

⑤ 建仁寺両足院

京都市東山区大和大路通四条下ル4丁目小松町591　☎ 075-561-3216

※定期坐禅会は第1日曜8時～。有料。夏・冬に特別拝観あり

⑥ カフェ デ コラソン

京都市上京区小川通一条上ル革堂町593-15　☎ 075-366-3136　営 9時～18時30分(L.O.18時)　休 日曜・第3月曜(祝日は営業)　¥ モーニング850円(税別)

⑦ 樂美術館

京都市上京区油小路通一条下ル　☎ 075-414-0304　営 10時～16時30分(入館は～16時)　休 月曜(祝日は開館)、展示替え期間　¥ 展覧会により異なる

⑧ 盛京亭

京都市東山区祇園町北側263　☎ 075-561-4168　営 昼12時～14時　夜17時～20時　休 月曜・第2第4火曜　¥ サービスランチ1290円(税込)

⑨ 金高刃物老舗

京都市中京区六角通烏丸東入　☎ 075-221-5446　営 9時～17時　休 無休　¥ 花鋏(5寸5分黒打)7000円(税込)

⑩ 千總(店舗・ギャラリー)

京都市中京区三条通烏丸西入御倉町80　☎ 075-211-3133(SOHYA TAS)　営 11時～17時　休 水曜　¥ ストール6000円(税別)～

TOUR

36

HOUR

切り絵作家
辻《つじ》恵《けい》子《こ》さんと行く
紙と近代建築をめぐる京都

今回の旅人

辻《つじ》 恵《けい》子《こ》

1975年、東京都生まれ。

文化学院文学科卒業。

印刷物などに元々ある色を活かして、

ハサミで人物像などを切り出す独自の切り絵作品を発表。

NHK 連続テレビ小説『とと姉ちゃん』のオープニング映像や

絵本『かげは どこ』などでは、パーツごとに切り出し

貼り合わせて作る貼り絵作品を発表。

旅のテーマ

“

紙と近代建築をめぐる京都

”

◎辻 恵子的、京都旅でこれをしたい

- ☑ 京都ならではの紙の手仕事を見たい
- ☑ 素敵な近代建築を体感したい
- ☑ おいしいものを食べたい

紙と対話し、独特の作品を切り出す
切り絵作家の辻恵子さん。
今回はご自身のライフワークに欠かせない「紙」と、
大好きだという「近代建築」をテーマに京都をめぐります。
京都での36時間、どう過ごしますか？

東京から 🚌 京都駅着

1

10:30

1日目

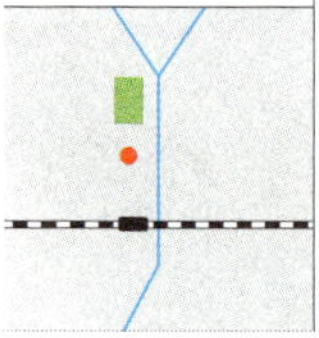

工芸としての紙を見に「京《きょう》うちわ　阿以波《あいば》」へ

まず訪れた「京うちわ阿以波」は創業元禄二年（一六八九）、御所うちわの伝統を伝える「京うちわ」の専門店です。紙を重ねて図案を彫る切り絵の手法を用いたものや、金箔や螺鈿《らでん》で装飾を施した美術品のうちわも。「こういうのが家に飾ってあったら素敵でしょうね」とうっとりの辻さん。

彩色の膨らみと切り絵で、奥行きを感じますね

京うちわは頭と柄（え）が分かれた構造で、装飾性が強いのが特色。朝顔や白露など切り絵技法の夏うちわ。

わあ、細かい！

上／「うちわはひと昔前まで贈答品の定番アイテムでした」と10代目当主の饗庭（あいば）長兵衛さん。

購入した絵葉書に、旅先からの便りを一筆。

2

12:00

1日目

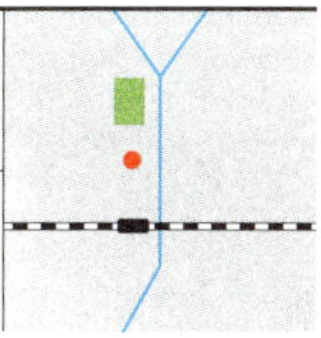

紙の和文具いろいろ「嵩山堂《すうざんどう》はし本《もと》」

左／お多福の葉書と兎のシールをご購入。
右／贈答の機会が多い京都らしく、祝儀袋もバリエーション豊富。

続いては和文具を取り揃える「嵩山堂はし本」へ。ぽち袋や便箋、葉書など、和紙の持つ温かみのある品々が並びます。「あっ、兎《うさぎ》がいっぱい」。卯年生まれで兎好きの辻さん、『鳥獣戯画《ちょうじゅうぎが》』など兎モチーフに目移り。購入した絵葉書に一筆添えて、旅の便りを出すことにしました。

3

13:00

1日目

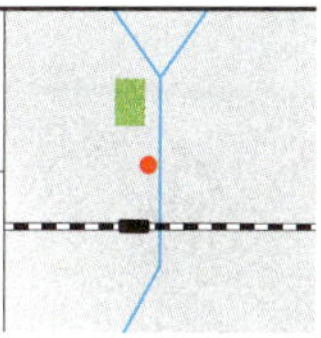

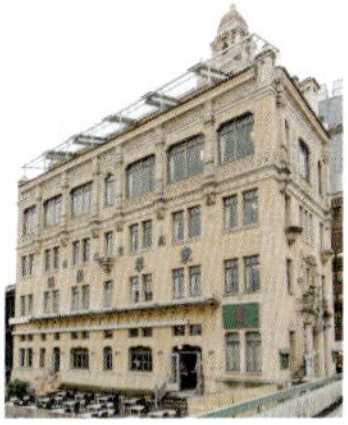

右下／最上階のエレベーターの階数表示盤。下向きの半円状なのが珍しい。

ヴォーリズの建築「東華菜館《とうかさいかん》」で昼食

眺望のよいお席で食事。

お昼は四条大橋のたもとの「東華菜館」へ。W・ヴォーリズの設計でビアレストランとして大正十五年（一九二六）に竣工、終戦の年から北京料理店に。お腹を満たした後、現役で動く日本最古のエレベーターに乗って、各階の建築ディテールを堪能しました。

4

15:00

1日目

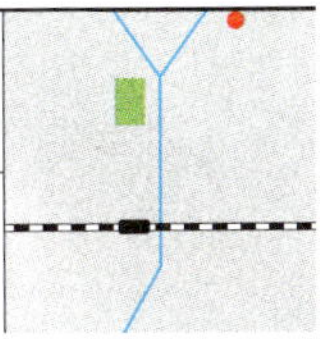

「唐長《からちょう》本《ほん》店《てん》」で京唐紙の工房見学

2024年で創業400年。「この仕事は時代を感じないと」と堅吉さん・郁子さんご夫妻。

江戸期から続く木版手摺りの京唐紙を見に、京都の友人と「唐長本店」へ。今回特別に制作風景を見せていただきました。寛永元年（一六二四）の創業時から受け継がれる板木《はんぎ》、和紙に配色と、技法を掛け合わせて生まれる唐紙の美。自然素材を相手に「一概に数値では計算ができない仕事です」と唐長十一代目の千田堅吉《けんきち》さん。

唐紙ができるまで

板木
京唐紙にとって板木は命。
今回使うのは海の上を兎が跳ねる花兎紋。

調合
雲母（きら）や布海苔（ふのり）などを調合してふるいに移す。

型押し
ふるいを板木の凸面だけにムラなくつけていく。

摺り
和紙を板木にのせて、手のひらでそっとなでるように摺る。

乾かしてできあがり。
「10枚でも100枚でも、リズムを一緒にするのがポイント」

1日目終了 → 2日目へ

5

11:30

2日目

明治期の迎賓館「長楽館《ちょうらくかん》」で昼食

上／中2階喫煙の間の床はイスラム風幾何学模様。
左／ステンドグラスが美しい玄関。

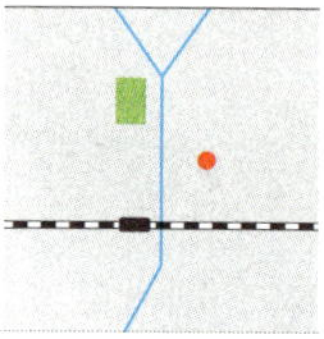

二日目は建築見学が中心。「長楽館」は、明治の煙草《たばこ》王・村井吉兵衛の別邸として明治四十二年（一九〇九）竣工。迎賓館としても使われていた、三階建ての館です。

上／一皿目はヴィシソワーズ。
下／前菜は由良鯖のクーリに初夏野菜を添えて。

元食堂だった部屋をフレンチレストランにした「ル　シェーヌ」で昼食を。デザインは当時のイギリスのヴィクトリア朝風。優雅な京風フレンチに思わず「幸せ……」と夢見心地の辻さん。

右上／1階ブティック（ギフトショップ）は元温室。
右／「ル シェーヌ」は元食堂。シャンデリアはバカラ社製。

設計は「関西建築界の父」ともいわれる武田五一。

6

14:00

2日目

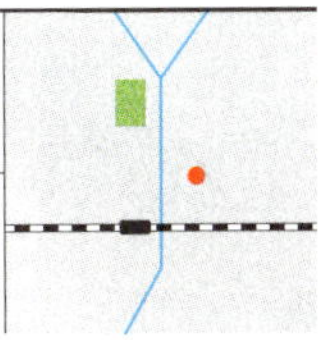

建築と竹久夢二作品を味わう「夢《ゆめ》二《じ》カフェ　五龍閣《ごりゅうかく》」

足をのばして清水寺門前の「夢二カフェ 五龍閣」へ。こちらは大正十二年（一九二三）築の和洋折衷《せっちゅう》邸宅。一階のカフェには親交のあった竹久夢二の作品が展示されています。「夢二は何を描いても自分の線にしてしまうところがすごい」と辻さん。

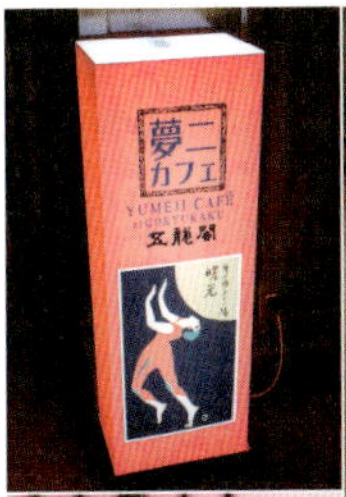

屋敷は、清水焼を洋食器など国際的な事業に発展させた明治の実業家・松風嘉定（しょうふうかじょう）の元邸宅。

カフェでは楽譜の表紙画などが展示されている。

7

16:00

2日目

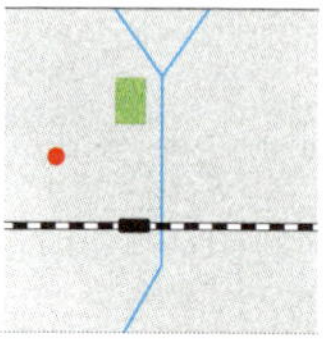

友人が設計した「ウサギノネドコ京《きょう》都《と》店《てん》」へ

「友人が内装を手がけて、気になっていた」という「ウサギノネドコ京都店」へ。「自然の造形美を伝える」をテーマに、鉱物・植物・動物などの標本を展示販売しています。店内はまるで標本箱さながら。隣接するカフェも博物館のような空間です。

内装を設計した村松英和さん

上／カフェにはアメシスト（紫水晶）を模した「アメシストパンナコッタ」など独自メニューが。

ショップ「ミセ」は築80年の町家をリノベーション。

8

17:00

2日目

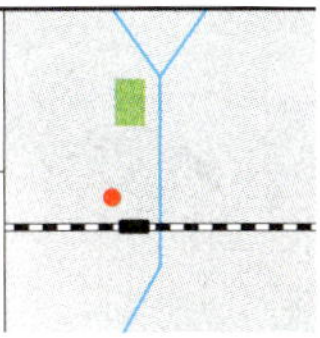

建築家・伊《い》東《とう》忠《ちゅう》太《た》の作「本《ほん》願《がん》寺《じ》伝《でん》道《どう》院《いん》」

築地本願寺の設計でも知られる建築家・伊東忠太が好きという辻さん。伊東が手がけた本願寺伝道院も見に行きました。現在は内部非公開のため、外観を堪能。建物の周囲には鳥や象を思わせる不思議な怪獣像が鎮座しています。「忠太の建築は、一見マジメなようでいて、ちょっとした狂気というか、遊び心があってワクワクします」

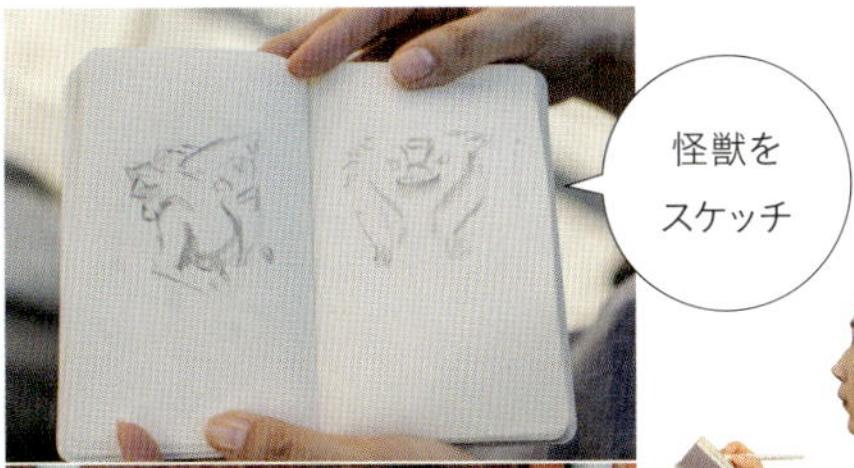

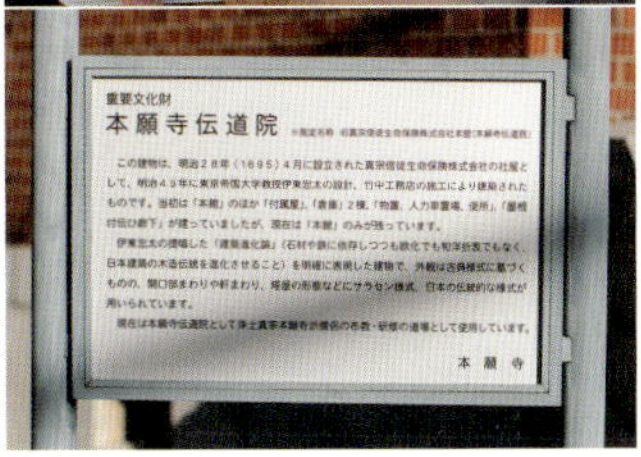

伝道院の外観に並ぶ怪獣をスケッチ。

旅の思い出に 駅前から風景印で

新幹線乗車前に昨日書いた手紙を投函。京都駅前の中央郵便局の窓口で「風景印で」と伝えると、絵入りの消印を押してくれます。

京都中央郵便局の風景印には舞妓さんと五重塔が。

京都駅着 ← 東京へ

私が出会った旅の4選

「長楽館」の床や天井

古い建物を拝見した時に、大きな造りだけではなく床や天井の細かな細工にも目を見張りました。写真は長楽館の、元温室だったショップの床。他にも騙《だま》し絵的な模様のものも。ホイップクリームで飾られたケーキのような漆喰《しっくい》細工が天井に施されているのには、職人技を感じました。

「唐長」での時間

唐長11代目の千田堅吉さんによる唐紙の制作風景を友人ひろせべにさんと拝見した後に、唐長のアトリエショップも手がける奥様・郁子さんとお話ししました。美しいものを作る人の美意識や審美眼、色の話など、とても刺激を受けました。私《し》家版《かばん》『唐長 IKUKO』もとても素敵でした。

写真・文＝辻　恵子

兎のモチーフ いろいろ

卯年生まれの私。旅で引き寄せられるように沢山の「兎」に出会いました。名前に兎が入ったウサギノネドコ、毛並みまでわかるような刺繍で施された波と兎の京うちわ、唐紙を作る過程で拝見した板木にも花と波と兎の図案、嵩山堂はし本の買い物袋などには鳥獣戯画風の兎を発見。

鉱物、見立て、「植物の記憶」

ウサギノネドコではデザートに見立てた鉱物、鉱物に見立てたデザート、透明な樹脂に植物標本を閉じ込めた「Sola cube」、ガラスに植物を挟んで熱し、植物自体は実体が無いのに存在を感じさせる、佐々木類さんの作品「Subtle Intimacy」（邦題「植物の記憶」）にも魅かれました。

観光後記

今回の旅で職人の方々と直接お話ができたことは、とても刺激になりました。

うちわの骨を切り絵で挟んだ状態で、部分的に日本絵の具をぽってりとのせたりして遠近感を感じさせるつくりの「京うちわ」や、主に襖紙として用いられ、パターンを木版で摺る「唐紙」の美しさや繊細さに驚きました。

唐長の工房でお話を伺う前に、自己紹介を兼ねて私の切り絵の絵葉書（印刷された活字に元々ある色を活かして人物像を切り出したもの）を差し上げると、千田さんがじんわりとご覧くださって、あなたはどのようにこの作品を作るのか、と問われました。

手が動くのに任せるのですと答えると、千田さんも作っている時に似たような感覚だと仰って、嬉しくなりました。布海苔《ふのり》など自然の素材を使うため、「何グラム入れたら丁度《ちょうど》よい」という方程式はなく、自分自身も自然のもののように柔軟でいなければいけないんだ、との言葉に大きく頷き、私が職人の仕事に魅かれる理由が分かった気がしました。

京唐紙の型押しはズレたらどうしよう、とハラハラしていてはできない仕事。感覚を研

文＝辻 恵子

ぎ澄まして、素材の声を聞くようにして、自信を持って作る。とてもシンプル。

旅の中でもう一つの楽しみが、建築を見ることでした。アート作品は運搬可能なものが多いので、住んでいる街に来てくれることもあるかもしれませんが、建築は「その場」に足をのばして初めて体感できるもの。

友人にオススメと聞いて伺った長楽館は、特に夢見心地になるほどでした。床の模様が凝っていて素敵だったり、お料理も、目がキラーン！となるほど美味で幸せでした。

東華菜館はランドマーク的に外から眺めたことはありつつも、日本で最初に設置されたというエレベーターが今どの階にいるのかを示す、分度器のような半円状の表示盤が、最上階だけ平たい部分が上になっているのに違和感を感じて訊ねると、案内役の方が、よくお気付きで……と、さらに「うわー！そうだったのか！」と驚く事実を教えてくださった。各階の天井の高さがそれぞれ違う分、何階に停まってます、を表す数字の間隔が不均等なのですって。お出かけの際は、ご注目です。

今回のルート

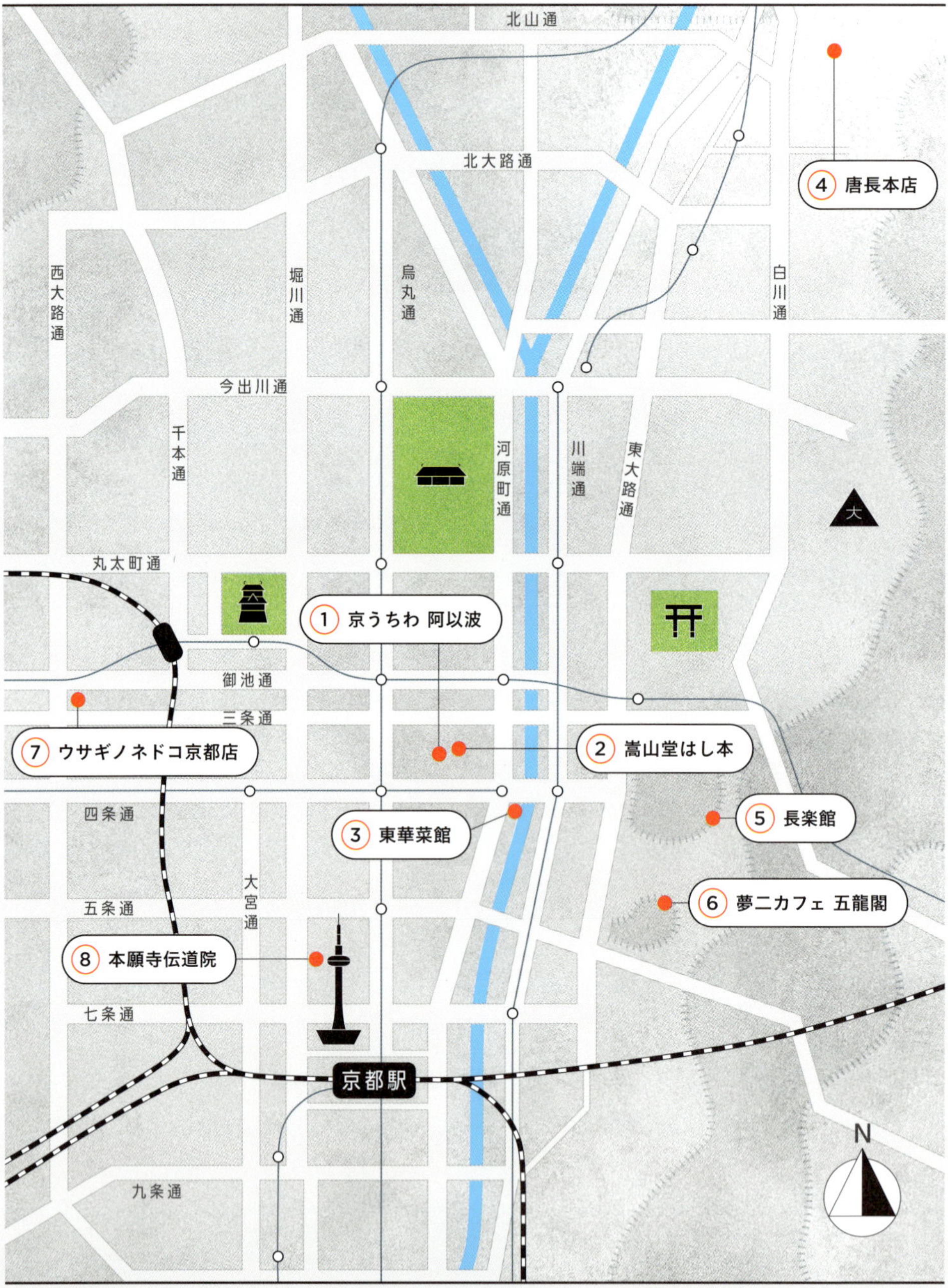

北山通
北大路通
4 唐長本店
西大路通
堀川通
烏丸通
白川通
今出川通
千本通
河原町通
川端通
東大路通
大
丸太町通
1 京うちわ 阿以波
御池通
三条通
7 ウサギノネドコ京都店
2 嵩山堂はし本
四条通
3 東華菜館
5 長楽館
五条通
大宮通
6 夢二カフェ 五龍閣
8 本願寺伝道院
七条通
京都駅
九条通
N

行ったところリスト

1日目

① 京うちわ　阿以波

京都市中京区柳馬場通六角下ル　☎ 075-221-1460　(営) 9時～18時　(休) 日曜・祝日(4月～7月は無休営業)

② 嵩山堂はし本

京都市中京区六角通麩屋町東入八百屋町110　☎ 075-223-0347　(営) 10時～18時　(休) お盆・正月

③ 東華菜館（本店）

京都市下京区四条大橋西詰　☎ 075-221-1147　(営) 11時30分～21時30分（L.O.21時）　(休) 無休　(¥) 湯葉と野菜の葛掛け1620円(税込)

④ 唐長本店

京都市左京区修学院水川原町36-9　☎ 075-721-4421　(営) 14時～17時　(休) 不定休
※「唐長 IKUKO ショップ」併設。訪問時は要事前予約。

2日目

⑤ 長楽館

京都市東山区八坂鳥居前東入円山町604　☎ 075-561-0001　(営) フレンチレストラン「ル シェーヌ」昼11時30分～14時(L.O.)　夜17時30分～19時30分（L.O.）　(休) 不定休　(¥) 昼コース5000円・8000円(税・サ別)

⑥ 夢二カフェ 五龍閣

京都市東山区清水2-239（清水寺門前）　☎ 075-541-7111　(営) 11時～17時　(休) 不定休　(¥) クリームコーヒー720円(税込)

⑦ ウサギノネドコ京都店

京都市中京区西ノ京南原町37　☎ 075-366-8933（ミセ）　075-366-6668（カフェ）　(営) 11時～18時30分（ミセ）11時30分～20時(カフェ／L.O.19時)　(休) 木曜

⑧ 本願寺伝道院

京都市下京区油小路通正面下ル玉本町199
※内部は通常非公開

TOUR

36

HOUR

疋《ひき》田《た》 智《さとし》さんと行く

自転車ツーキニスト

自転車だからこそめぐれる京都の穴場

今回の旅人

疋《ひき》田《た》 智《さとし》

1966年、宮崎県生まれ。東京大学大学院都市工学科修了。

「自転車ツーキニスト」として

環境や都市再生のために自転車の有効活用を提唱する。

NPO 法人自転車活用推進研究会理事、

京都市自転車政策審議会委員。

『ものぐさ自転車の悦楽』『自転車の安全鉄則』など

自転車にまつわる著書多数。

旅のテーマ

“自転車だからこそ めぐれる 京都の穴場”

◎疋田智的、京都旅でこれをしたい

- 自転車旅ならではの京都の風景を見たい
- 京都の最新自転車事情を知りたい
- 生と死の交わる「異界」をめぐりたい

毎日の通勤に自転車を使う「自転車ツーキニスト」の疋田智さん。

日々自転車の魅力を伝えつつ、自転車の活用を推進しています。

疋田さんいわく、碁盤の目のように平坦な道が走る京都は
「自転車で走るのにぴったり！」。

いざ、京都自転車旅へ。

東京から 京都駅着

1

10:30

1日目

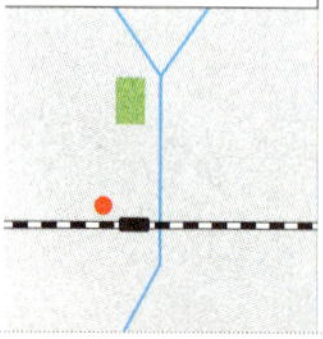

「ＫＣＴＰ（京都サイクリングツアープロジェクト京都駅本店）」で自転車選び

まずは旅の足となる自転車を借りに、京都駅至近のＫＣＴＰへ。待っていたのは、自転車仲間の多賀一雄《かずお》さん。京都自転車ツアーに精通し、疋田さんと京都市自転車政策審議委員を務める多賀さんを助っ人案内人に迎え、路地裏をめぐる約15キロのコースへＧＯ！

今日の助っ人案内人のＫＣＴＰ代表の多賀一雄さんは自転車観光を京都に根付かせた立役者。四季の見どころや隠れた名所などを知る京都通。

今日は路地裏サイクリングへ！

いわゆる“ママチャリ”じゃない。これがKCTPのすばらしいところ！
駐車場内

疋田さんが選んだのは８段変速で26インチのクロスバイク。

Mini Velo
¥1,300/day
Comfort Bike
MTB《マウンテンバイク》？
or
クロスバイク？

走行時は……「ハンドサイン」を使いましょう

パー
背中の後ろでグー
左折します
これから停止します

ヘルメットは必須です！

京都駅前

東本願寺前

木《き》屋《や》町《まち》五《ご》条《じょう》

路地裏のレトロ銭湯に「京都らしくていいねぇ」。

宮《みや》川《がわ》町《ちょう》

京都五花街のひとつ、宮川町では自転車は手押し。

建《けん》仁《にん》寺《じ》界隈

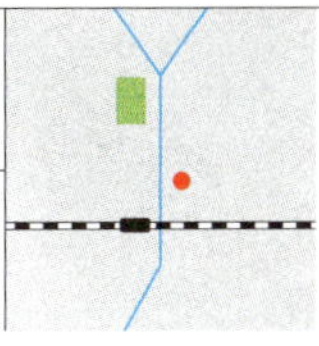

12:00

1日目

2

日本の怨霊《おんりょう》伝説で
「最強の大魔縁」とされる
「崇《す》徳《とく》天《てん》皇《のう》御《ご》廟《びょう》」を発見！

祇《ぎ》園《おん》巽《たつみ》橋《ばし》

3

13:30

1日目

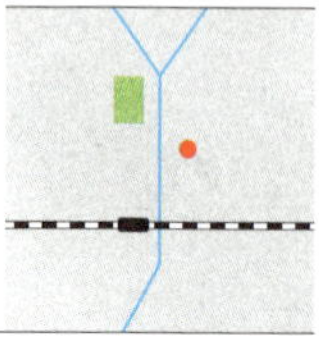

白《しら》川《かわ》一《いっ》本《ぽん》橋《ばし》

明智光秀の墓を発見！

へぇ〜、こんなところに

右／橋近くの川べりは、柳並木の隠れ名所。 左上／歴史好きの疋田さん、近くに明智光秀の墓を発見。

4

15:30

1日目

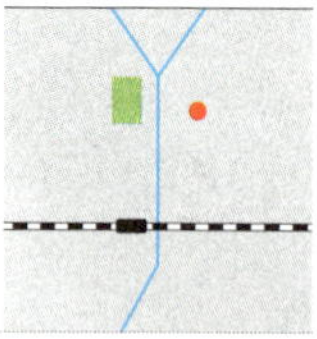

聖《しょう》護《ご》院《いん》界隈

『八ッ橋のひみつ』の舞台「聖《しょう》護《ご》院《いん》八《や》ッ《っ》橋《はし》総《そう》本《ほん》店《てん》」へ

「ウチの子が児童学習まんが『八ッ橋のひみつ』を読んで『これ食べたい』と」。おみやげを求めて本の舞台の「聖護院八ッ橋総本店」へ。店先に肉桂《ニッキ》の甘い香りが漂います。八ッ橋の名の由来である盲目の琴弾き・八《やっ》橋検校《はしけんぎょう》の墓が近所と聞いて、急遽参拝。こんなところから旅情がふくらむのも自転車旅の醍醐味です。

この本を
読んだ小学生が
全国から
やってきます
ハッ橋のひみつ

創業元禄二年
聖護院八ッ橋

聖護院八ッ橋

鴨川エリア

自転車を走らせて八橋検校の墓のある金戒光明寺へ。検校の墓は背後の塔の裏手に。

5

16:30

1日目

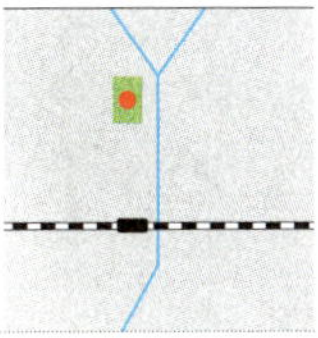

京都《きょうと》御《ぎょ》苑《えん》

気持ち
いいなぁ～。
森林浴みたいで

閑静な御苑をぐるりと一周。

宿到着！

本日のルート

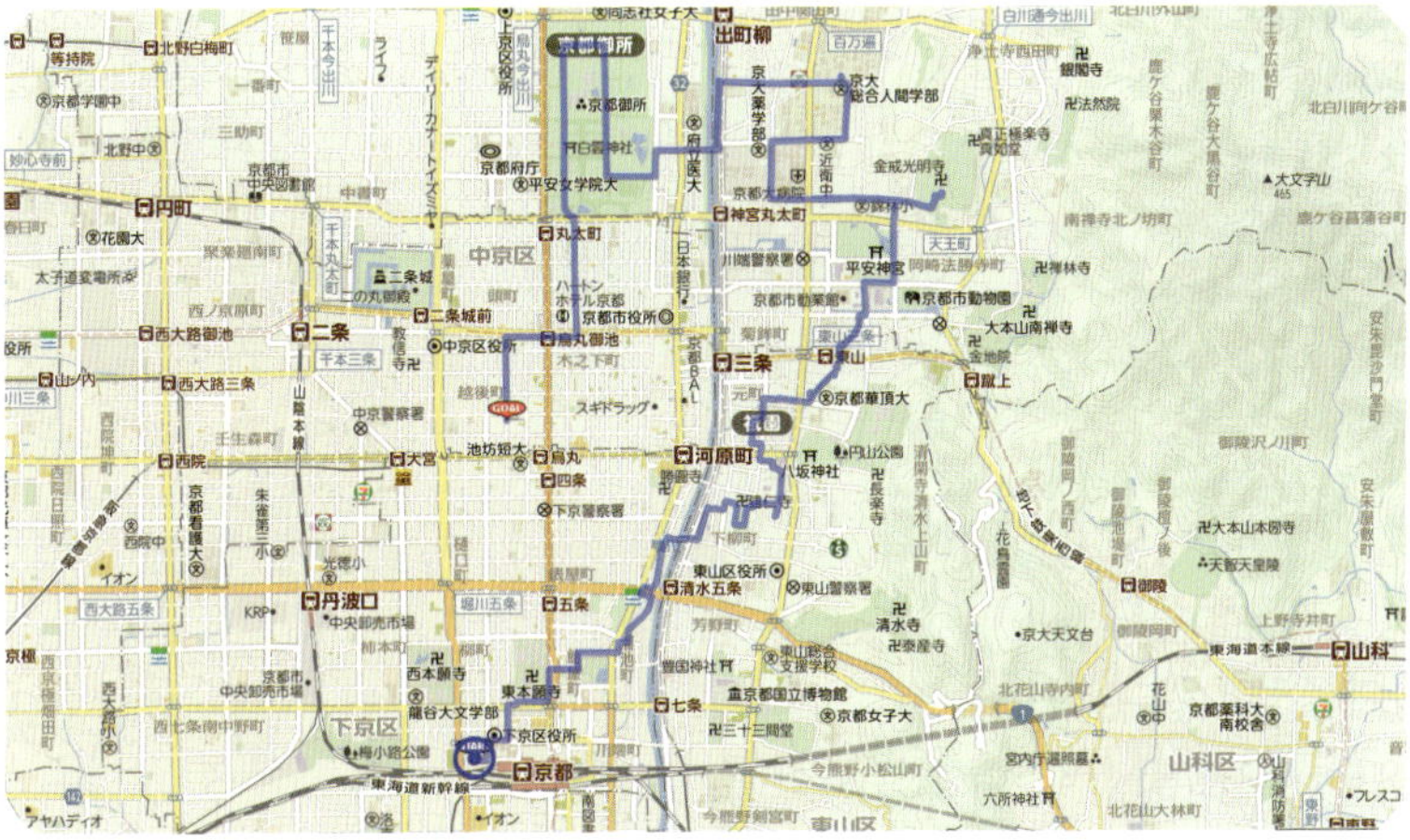

1日目終了

2日目へ

6

10:00

2日目

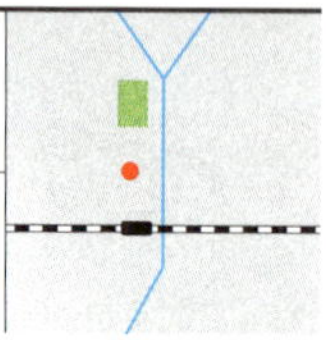

京都市御射山自転車等駐車場

「御《み》射《さ》山《やま》自《じ》転《てん》車《しゃ》等《とう》駐車《ちゅうしゃ》場《じょう》」で最新駐輪事情探検

「京都は全国に先駆けて自転車にまつわる取り組みを始めています」と公共駐輪場「御射山自転車等駐車場」へ。立地は繁華街・四条烏丸《しじょうからすま》の地下。収容台数約九百、24時間利用可能で一時間まで無料、一日停めても二百円とリーズナブル。左側通行を促す自転車ピクトグラムが細街路にたくさんあるのもこの町の美点です。

子ども乗せ自転車には専用の停車場所が！

地上へ上がるスロープはベルトコンベア付。

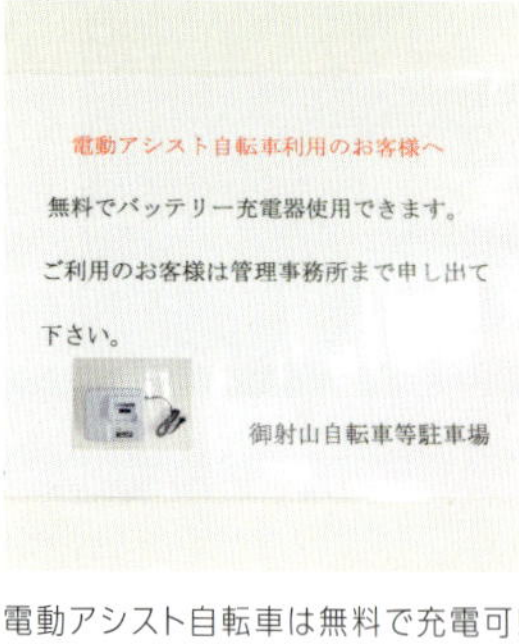
電動アシスト自転車利用のお客様へ

無料でバッテリー充電器使用できます。

ご利用のお客様は管理事務所まで申し出て下さい。

御射山自転車等駐車場

電動アシスト自転車は無料で充電可！

雨天時用にレインコートの自販機も。1個100円。

これは東京でもウケるだろうな〜

左側通行発祥の地「京《きょう》都《と》市《し》役《やく》所《しょ》前《まえ》裏《うら》手《て》」を見に

色は見やすくて、京都の景観にも合うベンガラ色

自転車は左側通行、車は一方通行、という細い街路用の表示。「これでメカニズム的に必ず事故が減ります！」。京都市の主導で市内各所にこの自転車マークが描かれている。

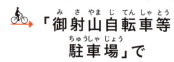

7

12:00

2日目

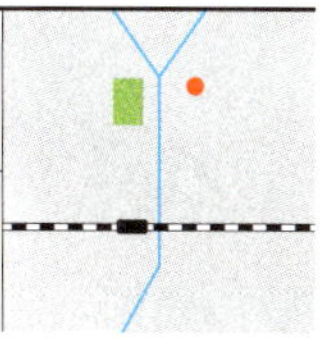

学生の数だけ自転車が？「京都《きょうと》大学《だいがく》」へ

自転車通学が当たり前！

左／府外の学生が多数を占める京大。見ていると京大生は自転車利用率がすごく高い。
右／京大名物の熊野寮前には超広い駐輪場がある。

天下一品
TENKAIPPIN

もちろん"こってり"で

本店限定・牛すじラーメン。

8

13:00

2日目

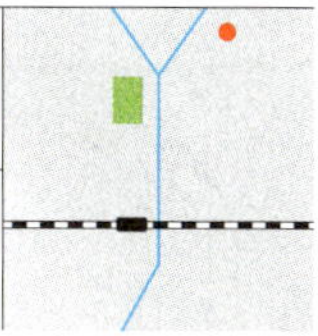

「天《てん》下《か》一《いっ》品《ぴん》総《そう》本《ほん》店《てん》」でラーメンを食べる

本店で食べられるとは感動です！

「やっぱり天下一品に来たら『こってり』食べないと。ただカロリーがある分自転車漕がなきゃ（笑）」

こってり一筋

お昼はラーメン激戦区の左京区にある「天下一品総本店」で。名物はやはり「こってり」。鶏と十数種の野菜などを煮込んだ味はいわば京都人のソウルフード。日頃から常連の疋田さん、牛すじラーメン大盛をスープまで完食！

この上に
乗らないでください

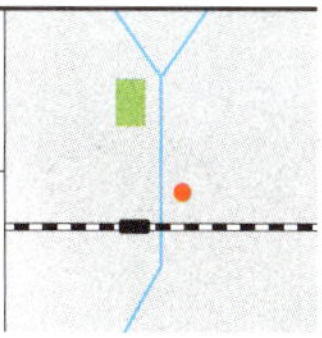

15:00

2日目

あの世との境目「六《ろく》道《どう》之《の》辻《つじ》」巡り

あの世とこの世の入り口

「なんだかアヤシの場所に」と、旅の最後は京都異界巡り。向かうのは洛東、京の二大葬送地のひとつ・鳥《とり》辺《べ》野《の》のふもとで、あの世とこの世の境目とされる六道之辻界隈です。なかでも疋田さんの関心は、閻魔《えんま》大王に仕えたとされる小野篁《おののたかむら》。六道珍皇寺には篁が冥土に通った井戸や、篁の彫像の閻魔大王《えんまだいおう》木坐像が御座《おわ》します。西福寺など冥界伝説ゆかりの地で合掌しました。

9 「みなとや幽霊《ゆうれい》子育飴本舗《こそだてあめほんぽ》」でおみやげを

「『幽霊飴』伝説、これが泣かせるんです」

10 子育地蔵を祀る「西福寺《さいふくじ》」

子育地蔵として信仰を集める西福寺。本尊の六波羅地蔵は弘法大師自作。

11 謎多き魔界人？小野篁《おののたかむら》ゆかりの「六道珍皇寺《ろくどうちんのうじ》」

寺はあの世への玄関口として年に一度精霊が帰ってくる霊域。篁堂には等身大の小野篁木立像が。

自転車返却

京都駅着 東京へ

私が出会った旅の4選

絵馬から何やら怨念が？

安《やす》井《い》金《こん》比《ぴ》羅《ら》宮《ぐう》にずらりと並ぶ絵馬は、ほとんどが「縁を切らせて欲しい」という女性からの切なる願い。この左横には願いが叶うという小さなトンネルがあって、それをくぐるために長蛇の列ができていた。その列もほぼ女性。世に「だめんず」がいかに多いかという証拠だろう。

外国人観光客への注意高《こう》札《さつ》

日本語が分からなくても絵なら分かる。ということで祇園地区に立てられた高札。やはり一部にはいるんだよね。特にゴミを散らかしてしまう人。文化が違うからついやってしまうんだろうけど、外国人の皆さん、京都で（いや日本全国でも）こういうことをしてはならんのどすえ。

写真・文＝疋田 智

過激な着こなしの和服屋さん

あからさまに「外国人観光客向け！」の和服屋さん。店の正面にあるマネキンがこのセクシースタイルだった。ちょっとくノ一《くのいち》（女忍者）風だけど、何をどうしたらこういう解釈ができるのか（笑）。中国的游客が「そうか、こう着るのか」と誤解しないことを切に祈ります（汗）。

画期的な自転車ボックス

京都市は前々から自転車施策を続々と繰り出してるんだけど、今回もっとも感心したのが交差点での自転車ボックスだった。二段階右折のために、こうして右横の信号が青になるまで待機する場所が地面に指定されている。欧州諸国では当たり前だけど、日本ではなかなか先進的。

観光後記

京都は美しくて、ちょっと怖い。これが私の京都に対する印象でありましてね。何が怖いって、よくいう「ぶぶ漬け食べていっておくれやす伝説」のような話じゃない。なんというのか、長い歴史の中で人びとの生死にまつわる澱《おり》のようなものが溜まっていて、そこから何らかの物《もの》の怪《け》が生まれ、それがこの街では普通に振る舞っていることだ。たとえば幽霊となった母親がわが子のために飴を買いにくる「子育て幽霊飴」の伝説にしても、東京なら単に悲しい怪談で終わりだと思うんだけど、この街ではそれが若干温かい。幽霊になった若い母親が憐れで、身近で、「ここなら、さもありなん」とすら思う。

ひとことでいうと生と死の距離が近い街。それが京都だ。

たとえば今回巡った異界だって、近くに鳥辺野があって、今でも見渡すかぎりの墓石である。しかも墓石が現役。千二百年以上前からここに人が埋葬され、生きて、死んで、また生まれてきた。

こうして長い時間、人がここを選び、ここに住んだ。その理由はこの街のサイズ感にも

文＝疋田 智

あると思う。山があって、川があって、盆地の大きさが適度。百五十万人弱の人口規模は、欧州諸国の有名都市と同等で（お洒落なミラノ、バルセロナ、音楽の都ウィーンなどが同程度）、じつはこれくらいの都市規模が人間にとって最も住みやすいのだろう。

そういうサイズ感の中、京都市はこのところ自転車施策を矢継ぎ早に繰り出している。路上に描かれた自転車ピクトグラム（自転車の絵記号）は「自転車ここにあり」というのをアピールしてくれていて、特に細街路においてはクルマの平均時速がかなり落ちたそうだ。

実際に京都は自転車で巡ると便利だし、気持ちがいい。特に学生たちは自転車に乗るね。非ママチャリ率も高くて、さすがは京都議定書の街と思う。

そういうサイズ感の中で、人は生まれ、育ち、産み、育て、そして死ぬ。同じ場所、同じ街でそのサイクルが繰り返される。都市というのは本来そういうものなのだと思う。

今回のルート

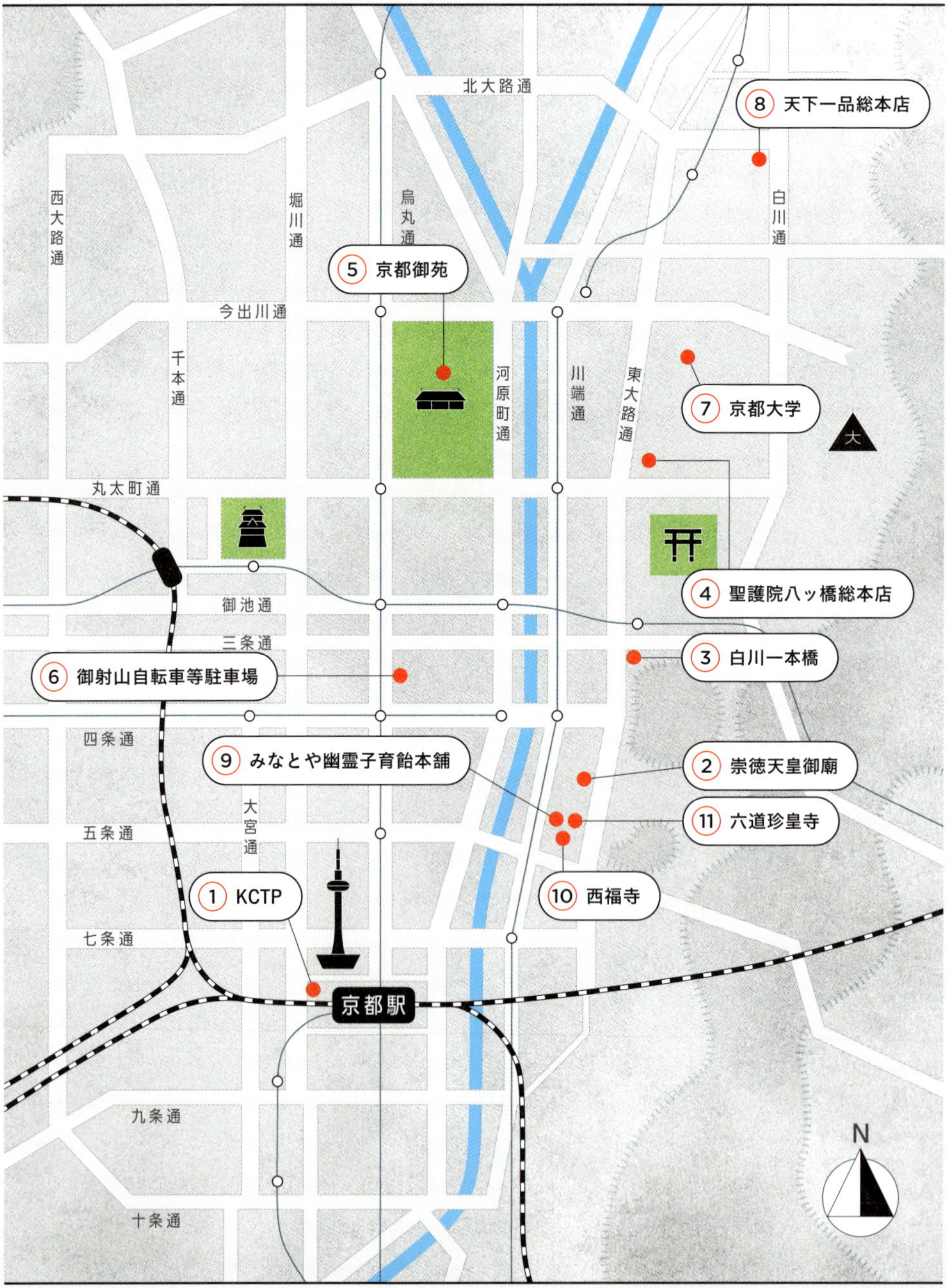

北大路通
8 天下一品総本店
西大路通
堀川通
烏丸通
白川通
5 京都御苑
今出川通
千本通
河原町通
川端通
東大路通
7 京都大学
大
丸太町通
4 聖護院八ッ橋総本店
御池通
三条通
3 白川一本橋
6 御射山自転車等駐車場
四条通
9 みなとや幽霊子育飴本舗
2 崇徳天皇御廟
大宮通
五条通
11 六道珍皇寺
10 西福寺
1 KCTP
七条通
京都駅
九条通
十条通
N

行ったところリスト

1日目

① KCTP（京都サイクリングツアープロジェクト京都駅本店）

京都市下京区油小路通塩小路下ル東油小路町552-13 ☎ 075-354-3636 営 9時〜18時 休 無休 ¥ レンタサイクル1000円(税込)〜

② 崇徳天皇御廟

京都市東山区祇園町南側

③ 白川一本橋（行者橋）

京都市東山区石橋町295-1

④ 聖護院八ッ橋総本店

京都市左京区聖護院山王町6 ☎ 075-752-1234 営 8時〜18時 休 無休 ¥ 生八ッ橋「聖」540円(税込)〜

⑤ 京都御苑

京都市上京区京都御苑3 ☎ 075-211-6348（環境省 京都御苑管理事務所） 営 24時間

2日目

⑥ 御射山自転車等駐車場

京都市中京区東洞院通六角下ル御射山町280（御射山公園地下） ☎ 075-255-1511 営 24時間 ¥ 1時間まで無料、以後24時間まで〜200円

⑦ 京都大学(吉田キャンパス)

京都市左京区吉田本町 ☎ 075-753-7531

⑧ 天下一品総本店

京都市左京区一乗寺築田町94 メゾン白川1F ☎ 075-722-0955 営 11時〜翌3時 休 木曜 ¥ 牛すじラーメン932円(税込)〜

⑨ みなとや幽霊子育飴本舗

京都市東山区松原通大和大路東入2丁目轆轤町80-1 ☎ 075-561-0321 営 10時〜16時 休 無休 ¥ 幽霊子育飴500円(税込)

⑩ 西福寺

京都市東山区松原通大和大路東入2丁目轆轤町81 ☎ 075-551-0675 営 9時〜17時 ¥ 通常拝観時は無料

⑪ 六道珍皇寺

京都市東山区大和大路通四条下ル4丁目小松町595 ☎ 075-561-4129 営 9時〜16時 ¥ 拝観料600円

TOUR

36

HOUR

泉《いずみ》 麻《あさ》人《と》さんと行く

コラムニスト

バスで隅っこ京都

今回の旅人

泉《いずみ》 麻《あさ》人《と》

1956年、東京都生まれ。

慶応義塾大学卒業後、編集者を経て

コラムニストとして活躍。

昭和の思い出や喫茶店などがテーマの、

東京に関する著作が多い。

近著に『大東京23区散歩』

『大東京のらりくらりバス遊覧』など。

旅のテーマ

“バスで
隅っこ京都”

◎泉麻人的、京都旅でこれをしたい

- ☑ バスで京都の隅まで行ってみたい
- ☑ 伝統的建造物群保存地区をめぐりたい
- ☑ 「仁《じん》丹《たん》看板」を見つけたい

街歩きの達人で東京がフィールドの泉さん。

「京都の旅にはバスがおもしろい！」

とバス旅を敢行。

歩くよりもちょっと高い視点から街を見る、
京都での36時間が始まります。

東京から 京都駅着

京都駅前

泉的バス旅のおもしろさ

◎バス停からローカルな地名を知れる
◎地元の人たちの生活を感じられる
◎歩くよりも、少し高い視点から街の別の側面が見られる

バスナビ

スマホアプリ「バスナビ」で、乗り継ぎルートもばっちり。

これで
2日間
乗り放題！

地下鉄・バス二日券
大人
(Adult)
Two-Day Pass
¥1,700-

地下鉄・バス
2日券を買って、出発！

祇園

昔泊まった
宿はどこ？

伝統的建造物群保存地区

京都祇園郵便局
レトロな郵便局

1

11:30

1日目

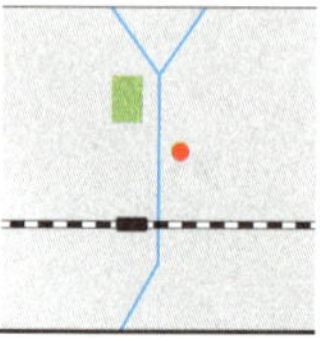

「権《ごん》兵《べ》衛《え》」でいつもの親子丼

京都に着いたらまず食べたくなる、老舗そば屋の親子丼。山椒をかけて「関東にない味なんだよ」と腹ごしらえ完了。

かつお出汁がきいた、とろとろの卵が人気。山椒の香りに食欲がわく。

左／千本通を散策。遊郭を描いた小説『五番町夕霧楼』の舞台。右／「西陣京極通」など〝味〟な通りと建物が。

千本日活

「仁丹看板」が
多い千本通に
寄ろうか

仁丹看板
発見！
仁丹
區京上

西陣京極

湯極京
京極湯

仁丹看板とは、大阪に本社を置く「森下仁丹株式会社」が広告を兼ねて街の辻々に掲げた町名表示板。特に京都に多く、仁丹看板の研究会まである。

千《せん》本《ぼん》出《で》水《みず》

2

15:00

1日目

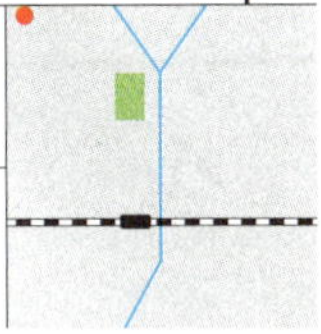

老舗「松《まつ》野《の》醤《しょう》油《ゆ》」のこいくち醤油を味見

京都市域の北西隅・鷹《たか》峯《がみね》。若狭へ続く街道沿いに栄えた土地に二百年以上続く醤油店で、塩分控えめ、昔ながらの樽作りのこいくち醤油を味見。

土《ど》天《てん》井《じょう》町《ちょう》

左／街道沿いにあるためか、今も京都北部・美山への配達も多い。店ではこいくち醤油や柚子ぽんずが人気。 右／秀吉が築いた土塁「御土居（おどい）」の跡。入るには向かいの和菓子店で鍵を借りる。

認可参禅道場

3

16:00

1日目

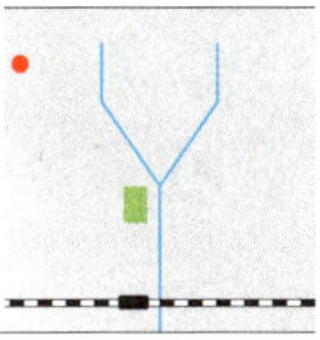

玄琢《げんたく》

「源《げん》光《こう》庵《あん》」でリラックス

京都の街歩きで寺は外せない。丸窓「悟りの窓」と角窓「迷いの窓」を前に「京都らしいよね」とリラックス。

伏見桃山城の遺構を用いた本堂は、石田三成と戦った武士たちの血痕が残る血天井でも有名。

4

18:00

1日目

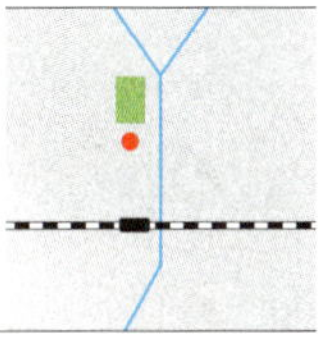

裁判所前

古民家洋食で夕食「プチレストランないとう」

ランチを食べて以来、夜に来たかったという。「居酒屋みたいに時間を過ごして」と、本格ながら肩ヒジ張らない洋食の店。

中／新カマスとマグロの海鮮ソース　下／海老かにクリームコロッケ

5

20:00

1日目

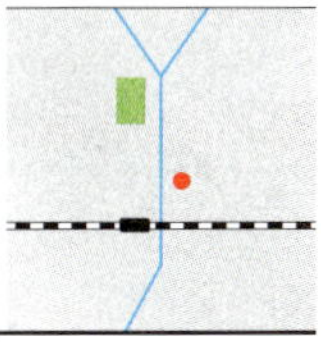

清《きよ》水《みず》道《みち》

花街のお茶屋に泊まる「祇園ゲストハウス 一空《いっくう》」

お茶屋を改装した全4部屋。風情を求める外国人や夫婦連れなどお客さんも多彩。

1日目終了 2日目へ

喫茶店好きの泉さん。「向かいの植物園の緑がいい借景だね」

6

8:00

2日目

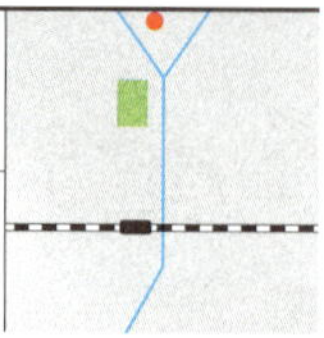

「ブリアン北《きた》山《やま》本《ほん》店《てん》」でモーニング

上《かみ》賀《が》茂《も》神《じん》社《じゃ》

朝食後、上賀茂神社の神《しん》官《かん》が住んだ社家町を散歩。宮司の旧宅の西村家庭園は見学可。宮司の暮らしぶりを偲びます。

7

9:00

2日目

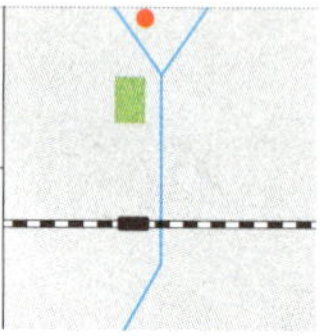

「社《しゃ》家《け》町《まち》」をぶらり「西《にし》村《むら》家《け》庭《てい》園《えん》」を見学

西村家庭園
庭園には神事の前に身を清めた井戸が。音声解説を聞きつつ庭を拝見。

伝統的建造物群保存地区
神社から流れる明神川が風情たっぷり。小学校の正門は、もと神官たちの会所（集会所）だった。

深《み》泥《どろ》池《がいけ》

深泥池に降り立った泉さん、思わず「雄大だねぇ〜」。

8

13:00

2日目

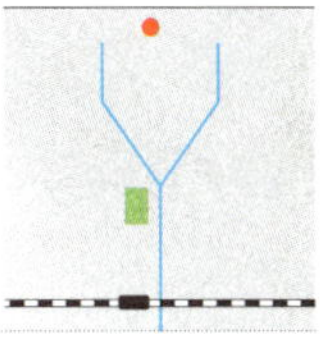

奇跡の借景「圓《えん》通《つう》寺《じ》」でぼんやり

柱の均一なシルエットと、その先に広がる空間が絶妙。

比叡山を借景に、広い視界の雄大な庭はまさに絶景。「この景観を守るには、大変な努力が必要」とご住職。街歩きの達人・泉さんと、周辺の開発と景観保護を話題に話が弾みます。

9

12:00

2日目

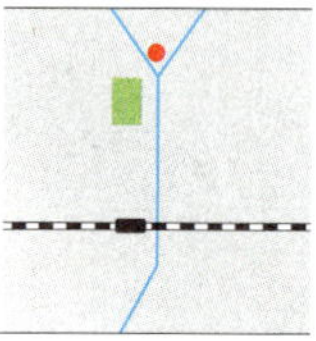

新《しん》葵《あおい》橋《ばし》

「花《はな》折《おれ》下《しも》鴨《がも》店《てん》」で鯖《さば》寿し

鯖寿し好きの泉さんは、炙《あぶ》りと普通の酢〆のセットを注文。厚いのに臭みがなく、お土産にも購入。

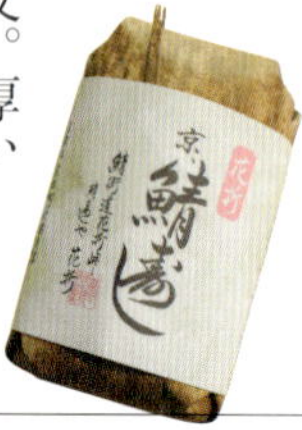

下／小鯛の吸物と鯖味噌もつく。
右／お土産には「吟撰半切り」2950円。

10

13:00

2日目

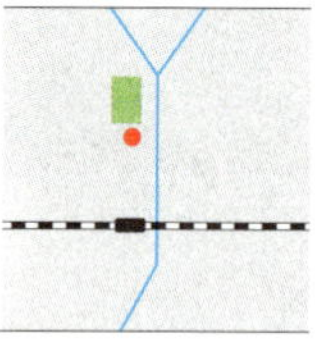

河原町丸太町

バスを待つ間に古道具「トヨダヤ」へ

看板を見つけた泉さんが「お!」と駆け寄る。
珍品もガラクタものカオス。

鳥《とり》居《い》本《もと》

茅葺屋根が並ぶ鳥居本は、愛宕神社の門前町。町並み保存館で、町の成り立ちを聞く。

愛宕神社の一の鳥居が地名「鳥居本」の由来。

11

14:30

2日目

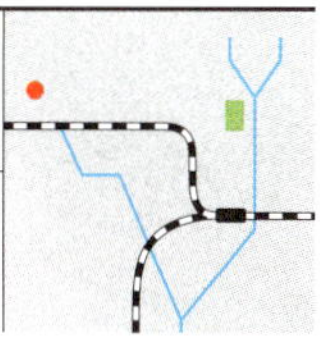

「鮎《あゆ》茶《ちゃ》屋《や》 平《ひら》野《の》屋《や》」でひと休み

四百年続く茶屋の名物が「志《し》んこ団子」。米粉の団子に黒砂糖と手作りきな粉をまぶした素朴な味にほっこり。

志んこ団子は、愛宕山詣での楽しみとして京都人に愛されてきた。

12

16:00

2日目

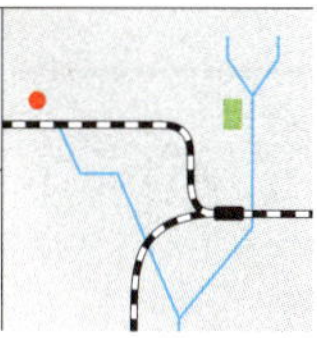

無数の石仏を供養「化野《あだしの》念《ねん》仏《ぶつ》寺《じ》」

古い町並みを歩いて、化野念仏寺へ。古くから葬送の地だった土地の石仏を集めて供養した「西《さ》院《い》の河原」は圧巻。

集められた石仏・石塔は8000体。8月に行われる千灯供養では幻想的な光景が広がる。

京都駅着 東京へ

京都駅前

私が出会った旅の4選

千本通の銭湯

千本通の千本出水バス停近くにある
この銭湯看板は
以前にもカメラに収めた記憶がある。
♨マークのインパクトが
気に入っていたのだが、
惜しくも取材の数カ月前に
廃業してしまったようだ。

仁丹看板

京都の裏道でよく見掛ける
仁丹の広告入り住所表示板。
明治時代の終わり頃から
掲示が始まって、
いまも旧字体のものをたまに見つけるが、
京都らしい古い木造家屋にも
なじんでいる。

写真・文＝泉　麻人

「玄《げん》琢《たく》」のバス停

玄琢バス停付近。
京都市バスの停留所は
“名称”の部分がもうひとつ
読みにくいのが惜しい。
角に見える松を植え込んだ立派な旧家は、
どことなく“玄琢”という
古い地名に似合っている。

深泥池の脇の道

写真左手が深泥池。
夏にこのあたりで
珍しいチョウトンボがヒラヒラ
舞う光景に出会ったことがある。
右の道を走るバスは
国際会館や岩倉具視《ともみ》の
史跡のある岩倉地区へ行く。

観光後記

バス好きの僕は路線バスを使って京都を巡ることが多い。ひと頃、出町柳《でまちやなぎ》の駅前から出ていた広河原行なんて長距離のバスに乗って、鞍馬《くらま》や花背《はなせ》峠を越えて左京区のどんづまりの方まで行ったこともあったし、歌舞伎「鳴神《なるかみ》」の舞台でもある山寺・志明《しみょう》院《いん》のある雲《くも》ケ《が》畑《はた》岩屋橋という北区山間の終点まで乗車したこともあった。

旅の初日にバスで訪ねた土天井町のあたりは、十年ほど前に初めて行って気に入った界隈。佛教大学の先で広い千本通から分かれて、狭隘《きょうあい》な鷹峯街道に入っていく感じがたまらない。文化年間創業の醤油屋なんかもあるこの筋は、杉坂から京北をぬけて若狭の方まで行く旧街道なのだ。山裾の源光庵の手前でバスは冂の字型に循環していくが、その先に玄《げん》琢《たく》という印象的な名前の停留所がある。この玄琢は〝野《の》間《ま》玄《げん》琢《たく》〟という徳川秀忠の侍医などを務めた江戸初期の医者の名がもとで、近くに氏が管理する薬草園が存在したらしい。僕は、バスそのもの以上にこういう停留所の名称にビビッと反応してしまう。

二日目は何本もの路線を乗り継いだ。まずは北山駅前から上賀茂神社前。このルートの

文＝泉 麻人

途中には深泥池《みどろがいけ》という京都のバス名所がある。近頃は本数が減ったようだが、九〇年代くらいまでは「深泥池」の行き先を掲げたバスが市街をやたらと走っていて、ふと妖気漂う場所をイメージした。バス停より少し先の道端に姿を現すこの池は、水草が豊かに繁った、池というより湿原に近い一帯で小さな尾瀬《おぜ》を思わせる。山の向こうの圓通寺の住職から、「昔は〝未曾呂池〟やら〝御菩薩池〟なんて字をあてていたことも……」と伺った。

河原町丸太町から丸太町通をずっと西進、嵐電《らんでん》の嵐山駅前（嵐山天龍寺前）で清滝行に乗り継いで鳥居本へ行った。山斜面のバス通り（戦前の愛宕山《あたごさん》鉄道跡）の停留所横の石段を下りると、下に昔ながらの茅葺屋が並ぶ旧街道がひっそりと隠れている。茅葺の鮎茶屋・平野屋の門前に赤鳥居が立っていたが、これが清滝の奥山の愛宕神社の一番鳥居。傍らの曼荼羅山《まんだらやま》には五山送り火の〝鳥居〟が灯る。まさにここは鳥居のもとなのだ。

今回のルート

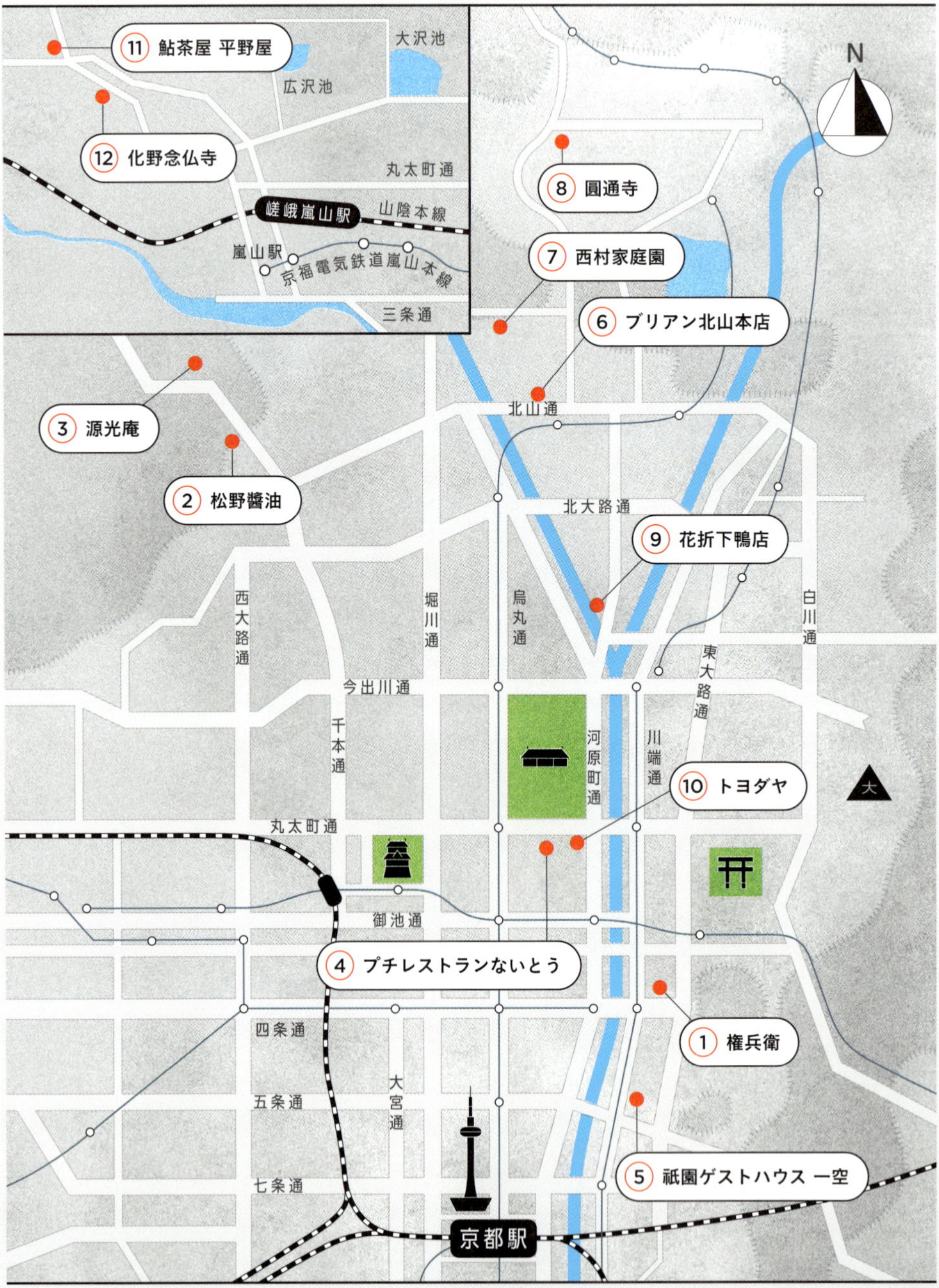

11 鮎茶屋 平野屋
大沢池
広沢池
12 化野念仏寺
丸太町通
嵯峨嵐山駅
山陰本線
嵐山駅
京福電気鉄道嵐山本線
三条通
N
8 圓通寺
7 西村家庭園
6 ブリアン北山本店
3 源光庵
北山通
2 松野醤油
北大路通
9 花折下鴨店
西大路通
堀川通
烏丸通
白川通
東大路通
今出川通
千本通
河原町通
川端通
10 トヨダヤ
大
丸太町通
御池通
4 プチレストランないとう
四条通
1 権兵衛
五条通
大宮通
七条通
5 祇園ゲストハウス 一空
京都駅

行ったところリスト

1日目

① 権兵衛

京都市東山区祇園町北側254 ☎ 075-561-3350 営 11時30分～20時 休 木曜 ¥ 親子丼1550円(税込)

② 松野醤油

京都市北区鷹峯土天井町21 ☎ 075-492-2984 営 9時～18時 休 木曜、年末年始 ¥ こいくち醤油180ml 302円(税込)

③ 源光庵

京都市北区鷹峯北鷹峯町47 ☎ 075-492-1858 営 9時～17時 ¥ 拝観料400円(紅葉の時期は500円)

④ プチレストランないとう

京都市中京区柳馬場通夷川上ル5-232 ☎ 075-211-3900 営 昼11時30分～14時 夜18時～21時 休 月曜 ¥ おまかせコース 昼6000円・夜8000円(ともに税別)

⑤ 祇園ゲストハウス　一空

京都市東山区新宮川町通松原下ル西御門町440-6 ☎ 075-741-6544 営 チェックイン16時～22時 ¥ 6500円(税込) ～

2日目

⑥ ブリアン北山本店

京都市北区上賀茂岩ヶ垣内町33-39 ☎ 075-724-2339 営 7時30分～21時 休 月曜 ¥ 朝食セット980円(税別)

⑦ 西村家庭園

京都市北区上賀茂中大路町1 ☎ 075-781-0666 営 9時30分～16時30分 休 12/9～3/14 ¥ 500円(税込)

⑧ 圓通寺

京都市左京区岩倉幡枝町389 ☎ 075-781-1875 営 10時～16時30分(受付は16時まで) ¥ 拝観料500円

⑨ 花折下鴨店

京都市左京区下鴨宮崎町121 ☎ 075-712-5245 営 10時～18時(食事は～16時) 休 水曜、1/1 ¥ 花折膳1620円(税込)

⑩ トヨダヤ

京都市中京区丸太町通寺町西入 ☎ 075-231-7332 営 13時～18時 休 無休

⑪ 鮎茶屋 平野屋

京都市右京区嵯峨鳥居本仙翁町16 ☎ 075-861-0359 営 10時～21時 (L.O.19時) 休 不定休 ¥ 志んこの団子840円 (税込、抹茶付)

⑫ 化野念仏寺

京都市右京区嵯峨鳥居本化野町17 ☎ 075-861-2221 営 9時～16時30分 ¥ 拝観料500円

TOUR

36

HOUR

須《す》藤《どう》玲《れい》子《こ》さんと行く

テキスタイルデザイナー

テキスタイルでめぐる京都

今回の旅人

須《す》藤《どう》玲《れい》子《こ》

1953年、茨城県生まれ。

武蔵野美術大学テキスタイル研究室助手を経て、

84年にテキスタイルの会社「布《ぬの》」の設立に参加。

以来、日本各地の染織産地で新素材や技術と融合した独創的な布を創る。

その作品は国内外で高い評価を得て、

ニューヨーク近代美術館、ヴィクトリア＆アルバート美術館など

世界各国の美術館に永久保存されている。

旅のテーマ

“テキスタイルでめぐる京都”

◎須藤玲子的、京都旅でこれをしたい

- ✓ 染織が縁で知り合った、会いたい人に会いに行く
- ✓ 染織関係の、なじみのギャラリーを訪ねる
- ✓ 京都の素材美にふれる

伝統的染織と最新技術を掛け合わせて
新味ある布を創るテキスタイルデザイナー、須藤玲子さん。
西陣織をはじめ、京都といえば染織が盛ん。
須藤さんにとっても縁の深い土地だといいます。
布を訪ねて人を訪ねて、京都をめぐります。

東京から 🚃 京都駅着

1

10:30

1日目

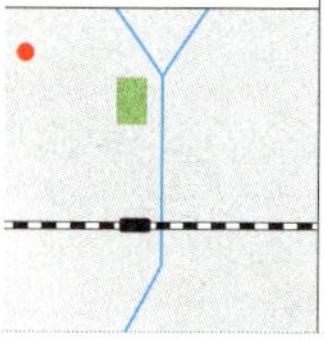

染織の神様「平《ひら》野《の》神《じん》社《じゃ》」に参詣

まず向かったのは、京都駅から車で二十分、西陣にほど近い平野神社。祭神の今《い》木《まき》皇《すめ》大《おお》神《かみ》は染織の守護神。「二〇〇一年に京都で初個展をした際にここの神社を教わって以来、毎年正月にはお参りを欠かしません」と須藤さん。そのとき、正月のみ売られる「染織守」のお札を求めるのだそうです。「人でごった返していないところも大好き」といいます。

ここには平安遷都と同時に遷座。江戸時代には桜の名所「平野の夜桜」としても知られた。

江戸初期建立の本殿は重要文化財。

2

11:00

1日目

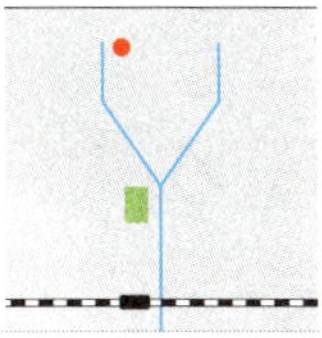

世界に誇れる 織りの歩み 「川《かわ》島《しま》織《おり》物《もの》文《ぶん》化《か》館《かん》」へ

右／開館当時の館は3階建て。内装は西洋式で、染織品の意匠は和風。
下／内装の壁張に用いられた綴織の壁面装飾「光琳流水」。

開館当時の壁張には琳派図案を起用

川島織物文化館は国内最古の企業博物館。明治二十二年（一八八九）に二代川島甚兵衛の自邸にショールームとして建設されたのが始まり。裂地《きれじ》や原画、織下絵《おりしたえ》などの資料や染織コレクションを通じて、百七十五年にわたる川島織物セルコンの歩みを紹介しています（展示替えあり）。じつは須藤さん、若かりし頃、川島織物が主宰する川島テキスタイルスクールの集中講座に通い、綴織《つづれおり》の技術を学んだそうです。「川島織物の蓄積はどこにも真似できない」と感動しきり。

小林正和さんの作品に出会えるなんて！

上／見学時は繊維造形作家の小林正和氏の綴織壁掛「吹けよ風」を展示（会期終了）。緯糸の動きが面白くモダン。
右／精緻な手仕事に「神を超えてるね」。

3

13:00

1日目

親交のある藍染作家を訪ねて「ちいさな藍《あい》美術館《びじゅつかん》」へ

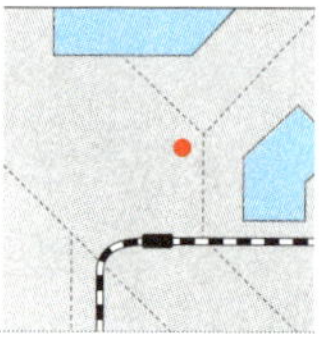

市内から北へ約70キロ。茅葺の里・美山へ。

「桃源郷のような、素敵な村です」と向かったのは美山《みやま》。数十年来の友人で藍染作家・新道弘之さんの営む「ちいさな藍美術館」へ。茅葺《かやぶき》民家二階の展示室には、一九六〇年代から新道さんのもとに集まってきた世界各地の藍コレクションが並びます。「なぜこんな手間を？」と思わせる幻の手仕事も。作り手の視点から、藍染の神秘に思いをめぐらせる二人でした。

江戸時代の奴（やっこ）帯をヒントに、斜め縞を再現しようと実験段階の染めを見せてくれた新道さん。

左／「これ、どうやるんだろう?」と技法の謎に興味津々。中／網の目絞りは「絞りの糸をほどかずに、インスタレーションとして見せたくて」と新道さん。右／藍の縁で集まった、国内外、古今の藍の布は全数百点にものぼるとか。

4

19:00

1日目

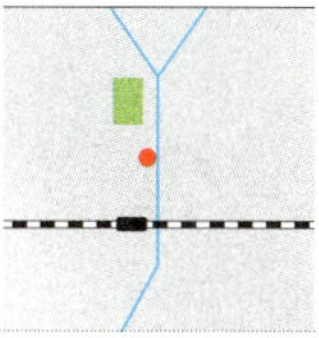

尊敬するファイバーアーティストと「いろは北店《きたみせ》」ですきやき

お会いするのは
10年ぶり……

いろは
すきやき

夕食は、須藤さんが学生時代から尊敬するというファイバーアーティストの小名木《おなぎ》陽一さんと。創業明治四十四年（一九一一）、先斗町《ぽんとちょう》の「いろは北店」で京都のすきやきを味わいます。「同じ『テキスタイル』でも、関東ではプロダクト、関西ではアート」と、染織談義は大盛り上がり。

先生、受賞
おめでとう
ございます！

京都美術文化賞を受賞した小名木さんの祝杯も。
「先生の御本は私の宝物です」と須藤さん。

1日目終了

2日目へ

赤身のおいしい京都牛を「ごあん」という粒砂糖と割下で味付けする。

5

10:00

2日目

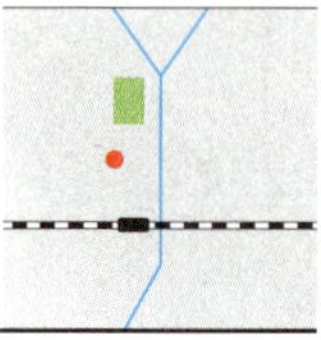

転機の地・京都芸術センター「前田《まえだ》珈琲《コーヒー》明倫《めいりん》店《てん》」へ

店のある京都芸術センターは「自分の仕事が何かを問われた」転機の場所。ミルクティを飲んでいざ出発!

6

11:00

2日目

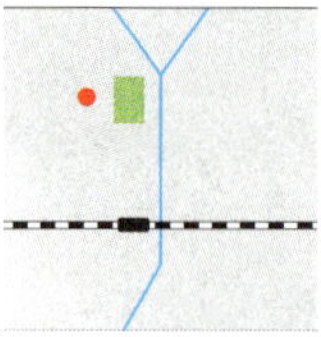

「本田《ほんだ》味噌《みそ》本店《ほんてん》」で須藤家の定番白味噌を

創業天保元年(1830)。禁裏御用達で宮中に献上。

「京都芸術センターで展示した際、キュレーターに教わって以来、お雑煮は必ずここの味噌です」と向かったのが、京都御所の西、「本田味噌本店」。「味噌はここ以外では買いません」というほど、ここの西京白味噌の愛好家だとか。ふと目をやると、先代から「絶対に外してはならない」と伝え継がれている縄暖簾《なわのれん》がファイバーアートのよう。

右／縄暖簾に注目。「先代の『外すな』という教えがいいよね。それを守るのも」。 左下／浅黄色でまろやかな風味の西京白味噌。お雑煮にはたっぷり入れるのが須藤家流。

7

12:00

2日目

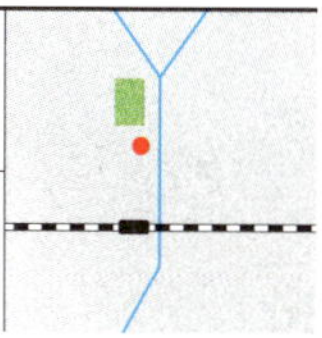

自然布・原始布が充実「ギャラリー啓《けい》」

店内に並ぶのは江戸時代から昭和初期にかけての布。手績みの糸の風合いはテキスタイルアートそのもの。

これって一体何の素材？

京都ではギャラリーめぐりが常という須藤さん。行きつけの「ギャラリー啓」は自然布が充実。苧麻《ちょま》・藤・葛など草木から作られた布、それらを用いた帯や着物、庶民の生活用具や仕事着など、品揃えは目を見張るほど。米や豆類の運搬に使う角袋《つのぶくろ》に興味津々の須藤さん。

8

14:00

2日目

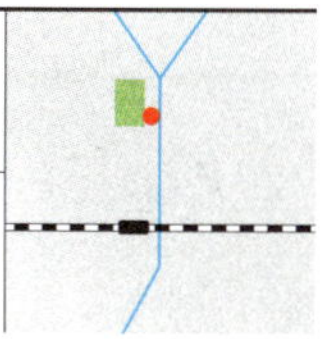

ティールーム「冬《とう》夏《か》」で極上の静寂とお茶

「時間の許すときは必ず来る」ティールーム「冬夏」へ。須藤さんはほうじ茶を注文。四十年間無農薬栽培してきた極上のやぶきた種です。カウンターに流れる静寂もまた味わい。「ここでは瞑想しているみたいな時間が過ごせるの。ここでお茶をいただくと本当に元気が出ます」と充電のひととき。

品種・農園・発酵が違うカカオと

左上／店主で親交の深い奥村文絵さんと。左下／カフェの横にはギャラリー「日日」を併設。

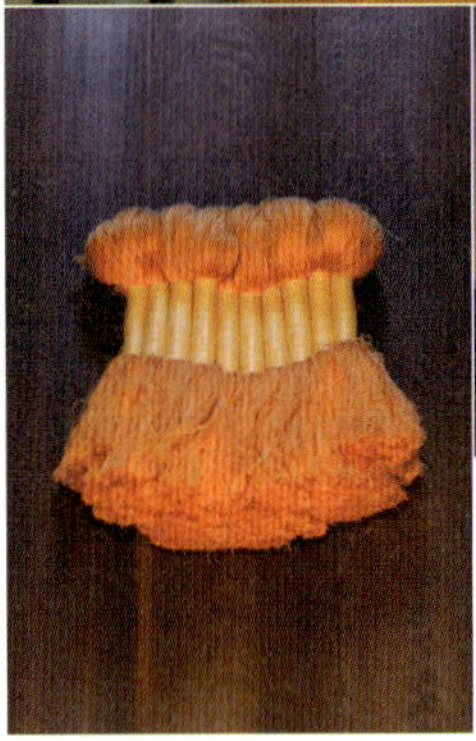

下・左／深みのある色感の冨田さんのラグ（下）とシーラさんの作品（左）。右／名物「わらび餅」をあわせて堪能。

9

15:00

2日目

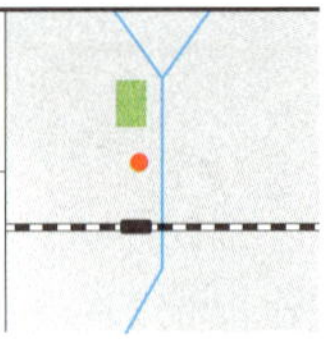

「遊《ゆう》形《けい》サロン・ド・テ」で染織作家の作品を味わう

名宿・俵屋旅館の味を楽しめるカフェ「遊形サロン・ド・テ」では、テキスタイルアーティストのシーラ・ヒックスさん、京都の染織作家・冨田潤さんの作品を鑑賞。「シーラはテキスタイル界のゴッドマザー的存在。冨田さんや新道さんら京都の染織作家を世界に連れ出してくれた人」といいます。

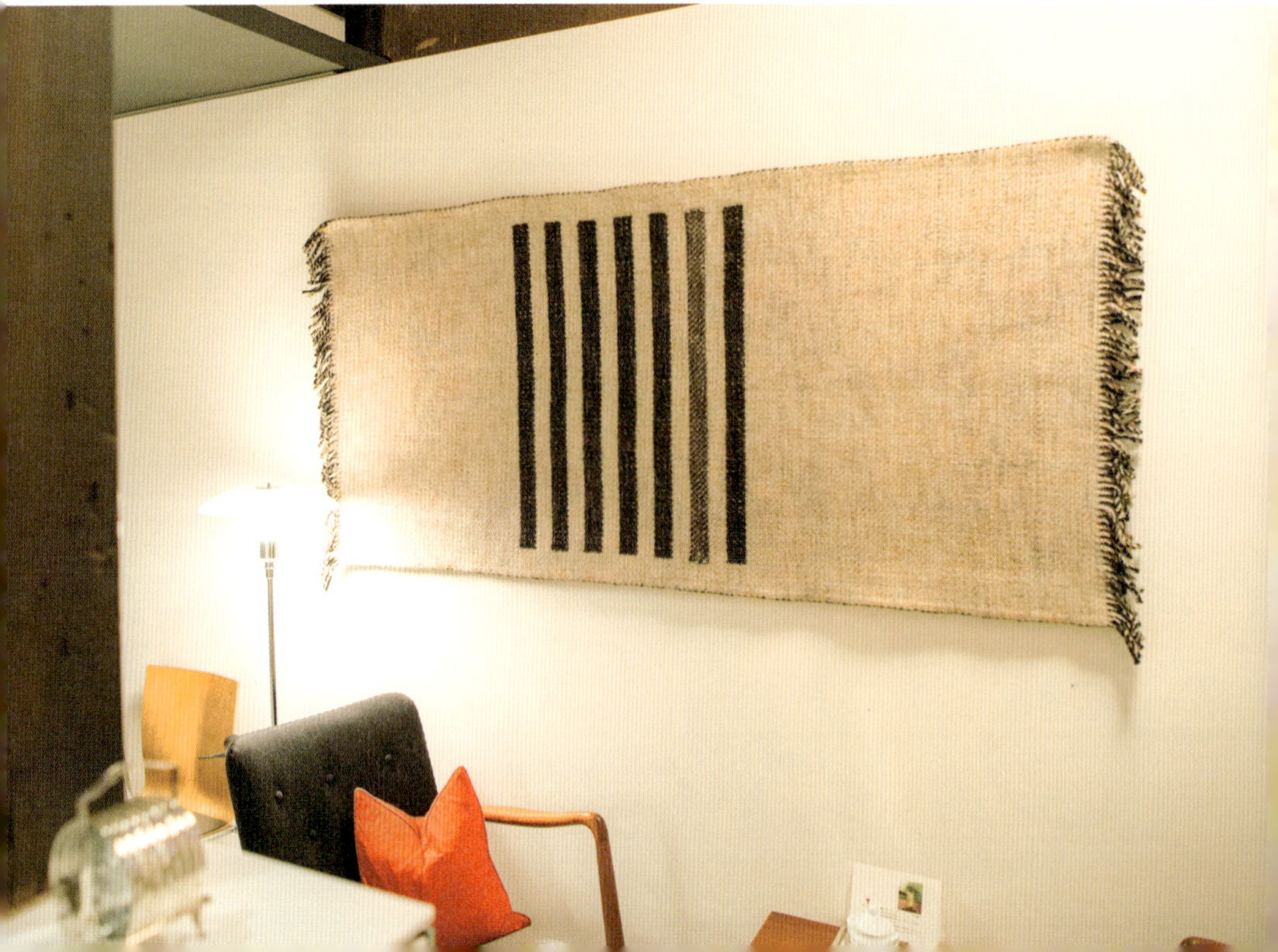

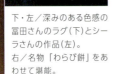

10

16:30

2日目

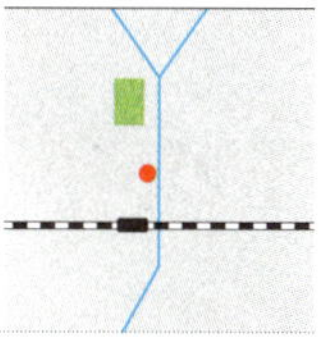

現代テキスタイルを見に「ギャラリーギャラリー」へ

現代テキスタイルアートを中心に、国内外の有望作家の個展を開く「ギャラリーギャラリー」。立ち上げたのは繊維造形作家の先駆的存在、小林正和氏。一九八一年のオープン後、氏の教え子で現オーナーの川嶋啓子さんが八八年から引き継いでいます。

上／ギャラリーのオーナー川嶋さんと。 左上・下／昭和初期築のビルの5階。ホワイトキューブの展示スペースと、隣室では現代クラフトの作品を販売。

11

18:00

2日目

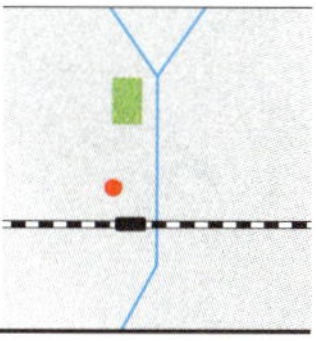

「和食《わしょく》 たてや」で軽めの夕食

新幹線に乗る前に軽めの夕食を。知人の銘仙コレクター・通崎睦美さんに教えてもらった、炊き込みご飯のおいしい「和食 たてや」へ。米は店主の実家のものだそう。

京都駅着 東京へ

私が出会った旅の4選

「ギャラリー啓」のオクソザックリ

麻の繊維の屑、「苧《オ》くそ」を集めて糸にして
織った「オクソザックリ」の仕事着は、
「ギャラリー啓」のコレクション。
木綿が普及する前、人は木の繊維や
麻を着て厳寒期を過ごしていた。
当時の人々の、自然に対する
抵抗力の強かったことに驚く。

「ちいさな藍美術館」の藍

「ちいさな藍美術館」の土間には
藍甕《あいがめ》が8個並んでいる。その中に、
藍が発酵する時に発生する気泡が
集まった「藍の華」の深い赤紫が美しい。
これは「染めよ」の合図だそうだ。
藍に布を浸しては乾かす作業を何回も
何回も繰り返し、深い藍が現れる。

写真・文＝須藤玲子

「遊形サロン・ド・テ」の
オブジェ

モノに惚れることを教えてくれる
処がある。カフェをやっている
俵屋旅館のご主人が見つけてきたモノは、
誰が作ったか知れない、
あるいは廃棄物かもしれないが、
置かれた場所でモノが輝くことを
伝えてくれる。

ギャラリー「日日《にちにち》」の
欄間《らんま》

「冬夏」と呼ぶカフェの奥には
「日日」という中庭をのぞむ
ギャラリーがある。
美しい工芸を扱う空間と廊下を
仕切る欄間の意匠に目が留まる。
幾何学的なデザインは、
柔らかな日を受け橙色に輝く。

観光後記

二〇〇一年、私は日本での初めての個展を、京都・室町にある京都芸術センターで開催した。展覧会のテーマは「技《わざ》と術《わざ》展」。この展覧会をきっかけに、それ以来二十年近く、京都と深く付き合ってきた。京都御所、北野・西陣、三条寺町・四条河原町、祇園・東山、鞍馬《くらま》・貴船《きぶね》、美山……と訪問したエリアは数えれば多いが、まだまだ京都のほんの一部であり、京都は奥が深い。土地は多数だが、そこで出会った人との繋がりは、何物にも代え難い。

素敵な「人」に出会うたび、私は、その人になり切るゲームをしてみる。すると突然京都人になった自分は、世界が変わることを覚える。京都は自転車で動きたいところだが、自転車に乗れない私は、バスと地下鉄に乗り、京都を闊歩する。

さて、そうして京都人になり切り、たぐり寄せてきた京都の「もの」は、今や百点をくだらない。京の町には手工芸の作品、美しい日常の道具はいくらでもある。わざわざ探さなくても、自然と向こうから呼びかけるように近づいてくる。平安京から明治天皇が東京

文＝須藤玲子

に移るまで千年近く、日本の中心は京都にあったわけだから、「もの」の数は厖大《ぼうだい》である。京都人になった私はいつも、気を大きくして歩いてみる。

私に近づいてくる「もの」には、際立つ手仕事の痕跡があるのが特徴だ。私の専門の染織でいえば、細かく分かれた専門の技、術、営みが数え切れないほど寄りそい、お互いを認め合いながら一枚の染織品として結実する。それは京の工芸品にとどまらず、例えば料理の分野でも、技を結ぶ、しなやかな繋がりを感じる。素材である京都産の野菜、味噌、米酢、そして調理道具である金網、篭《かご》など。どれが欠けても美味しい京料理は成り立たない。

そして極めつけは地中の水。美味しい水がなかったら美味しい酒も飯も作れない。そして染織にも水は欠かせない。

さて京都人になりきった私の次の旅は、地下水を巡る旅をしてみよう。今回訪ねたエリアは、実は京都の名水スポットでもあった。

今回のルート

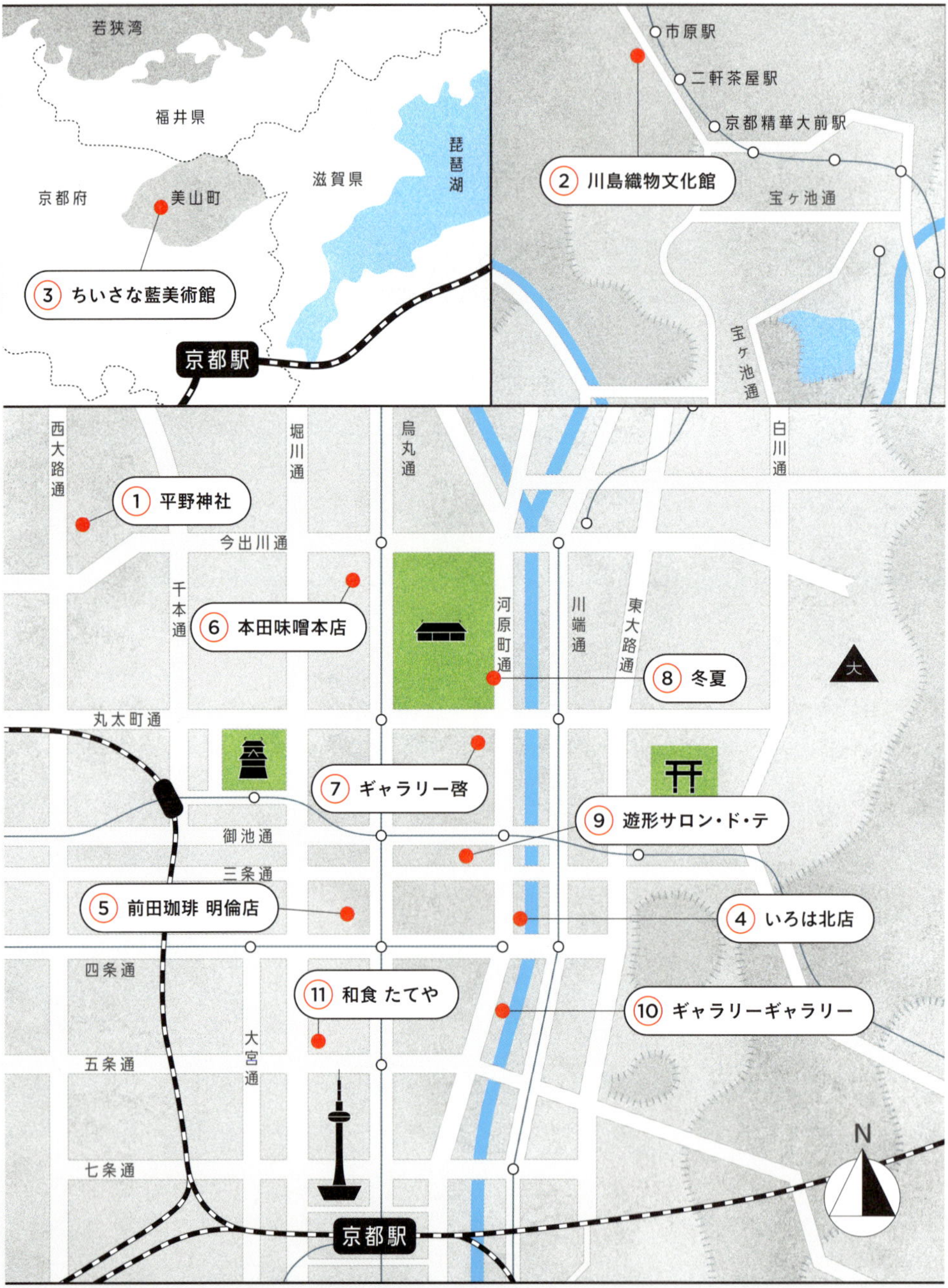
若狭湾
福井県
京都府
美山町
滋賀県
琵琶湖
3 ちいさな藍美術館
京都駅
市原駅
二軒茶屋駅
京都精華大前駅
2 川島織物文化館
宝ヶ池通
宝ヶ池通
西大路通
堀川通
烏丸通
白川通
1 平野神社
今出川通
千本通
6 本田味噌本店
河原町通
川端通
東大路通
8 冬夏
大
丸太町通
7 ギャラリー啓
9 遊形サロン・ド・テ
御池通
三条通
5 前田珈琲 明倫店
4 いろは北店
四条通
11 和食 たてや
10 ギャラリーギャラリー
大宮通
五条通
七条通
京都駅
N

行ったところリスト

1日目

① 平野神社

京都市北区平野宮本町1　☎075-461-4450

② 川島織物文化館

京都市左京区静市市原町265　株式会社川島織物セルコン内　☎075-741-4323（予約専用）　営10時～16時30分（入館は～16時）　休土・日曜、祝日、その他会社休業日　¥無料、事前予約制

③ ちいさな藍美術館

京都府南丹市美山町北上牧41　☎0771-77-0746　営10時～17時　休木・金曜（祝日は開館）、冬期休館あり　¥一般300円

④ いろは北店

京都市中京区先斗町通四条上ル鍋屋町　☎075-221-0403　営17時～22時（L.O.21時）　休無休　¥すきやき6000円（税込）

2日目

⑤ 前田珈琲 明倫店

京都市中京区室町通蛸薬師下ル山伏山町546-2 京都芸術センター内1F　☎075-221-2224　営10時～21時30分（L.O.21時）　休京都芸術センター休館日　¥英国風ミルクティ500円（税込）

⑥ 本田味噌本店

京都市上京区室町通一条上ル小島町558　☎075-441-1131　営10時～18時　休日曜　¥西京白味噌648円（税込・500g入り）

⑦ ギャラリー啓

京都市中京区寺町通夷川上ル久遠院前町671-1　☎075-212-7114　営11時30分～18時（日曜・祝日は12時～）　休木曜

⑧ 冬夏

京都市上京区信富町298　☎075-254-7533　営10時～18時（L.O.17時30分）　休火曜　¥hojicha yabukita musehi 2000円（税込・菓子付）

⑨ 遊形サロン・ド・テ

京都市中京区姉小路通麩屋町東入北側　☎075-212-8883　営11時～18時（L.O.17時30分）　休火曜　¥俵屋のわらび餅2260円（税込・抹茶付き）

⑩ ギャラリーギャラリー

京都市下京区四条河原町下ル 寿ビル5F　☎075-341-1501　営12時～19時　休木曜

⑪ 和食 たてや

京都市下京区天神前町336-2　☎075-361-1888　営昼12時～14時（L.O.13時30分）夜17時30分～23時（L.O.22時30分）　休日曜　¥炊き込みご飯1300円～（税別）

TOUR

36

HOUR

南《なん》陀《だ》楼《ろう》綾《あや》繁《しげ》さんと行く 本のある京都

ライター・編集者

今回の旅人

南《なん》陀《だ》楼《ろう》綾《あや》繁《しげ》

1967年、島根県生まれ。

早稲田大学文学部卒業、明治大学大学院修士課程修了。

出版や古本、図書館など、本に関することはなんでも追いかける。

2005年から谷中・根津・千駄木で活動する「不忍ブックストリート」代表。

「一箱本送り隊」呼びかけ人として、

宮城県石巻で「石巻まちの本棚」の運営にも携わる。

『編む人』『蒐める人』ほか、本に関する著書多数。

旅のテーマ

“本のある京都”

◎南陀楼綾繁的、京都旅でこれをしたい

- ✓ ともかく本屋を回りたい
- ✓ 京都ならではの“本が生まれる場所”に行きたい
- ✓ 一杯飲みつつ“戦利品”を眺めたい

本にまつわる取材・執筆や、
各地のブックイベントにも深くかかわる
ライター・編集者の南陀楼さん。
個性派本屋がひしめく京都で過ごす36時間、
ともかく買って、買いまくります！

学生制作のZineを購入！
現在
人生の音楽
想いのしおり

芸大生が教授ら豪華執筆陣を巻き込んで制作したZineなど3冊。

1

10:00

1日目

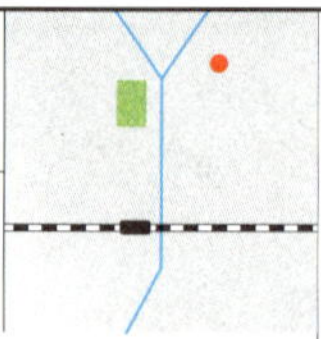

東京から 京都駅着

自主制作の小冊子が並ぶ「バックス画材《がざい》 AtoZINE《エートゥジン》 Gallery《ギャラリー》」

ここで作品集のZineを作りました
BEER OR DIE

作業スペースでは画家の西垣至剛さんがここでの展示に向けて制作中。

向かったのは京都造形芸術大学近くのバックス画材。今年、多彩なZine《ジン》（ミニコミ誌）を展示販売するギャラリーがオープン。画集から子育て日記、職人のインタビュー集など日頃Zineに注目する南陀楼さんも発見の連続。Zineの制作も受け付けます。

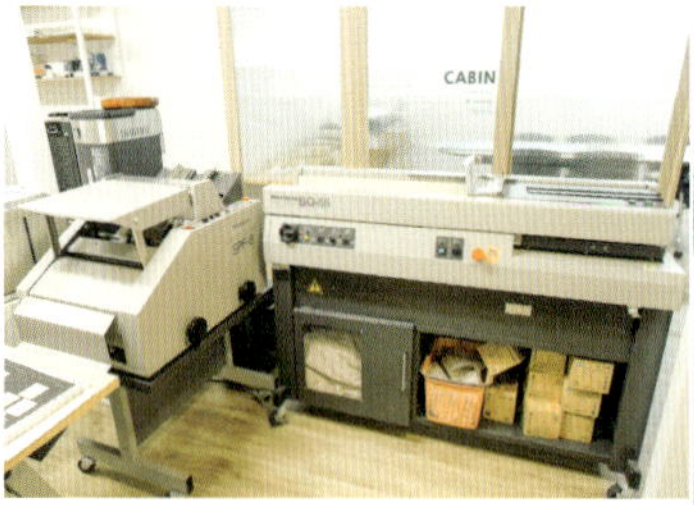
CABIN

たくさんの見本の中から紙、製本方法を選び、高性能の印刷機で1部からZineを制作可。

2

11:00

1日目

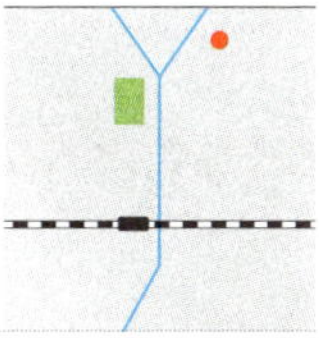

活版印刷所「りてん堂《どう》」で味わい深い〝紙モノ〟を

本は印刷あってこそ。次は活版印刷所へ。グラフィックデザイナーの村田良平さんが、通っていた印刷所の廃業を聞き、機械を譲り受けた。「職人と活版の歴史に敬意がある」と村田さん。レトロな味わいのポストカードを購入。

蔵書票、ポストカードなどオリジナルグッズを製作、販売している。

左京区の古本屋には発見がある！

古書善行堂

萩書房

左京区の古書店は雑多な品揃えが魅力。昭和の文士と俳優のエッセイを購入。

先《ぽん》斗町《とちょう》の元バー店主が本好きが高じて開いた本の迷宮。「哲学・アート、店主の教養の深さを感じます」と南陀楼さん。

3

13:00

1日目

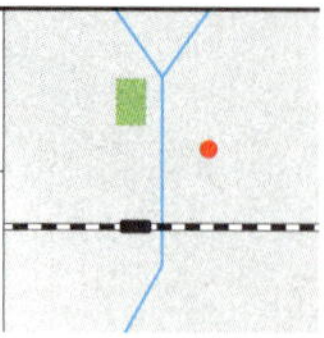

美術・思想書のカオス「古書《こしょ》herring《ヘリング》」で掘り出し物探し

写真展を開催することも。東京公園文庫『新宿御苑』を購入!

児童書と、大人も唸る独自の選書が魅力。併設のギャラリーも楽しい。この日は古本仲間の画家・林哲夫さんの展示中でした。

4

15:00

1日目

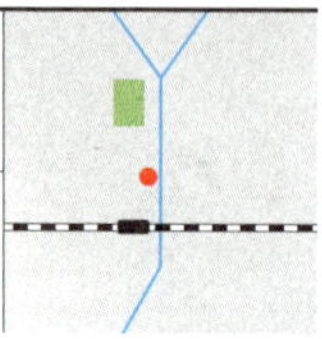

子どもの本専門店「メリーゴーランドKYOTO《キョウト》」

林さんの作品を購入

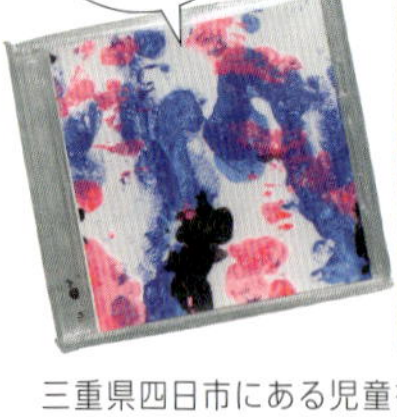

三重県四日市にある児童書専門店の姉妹店。
作品展示、トークイベントなども。

5

17:00

1日目

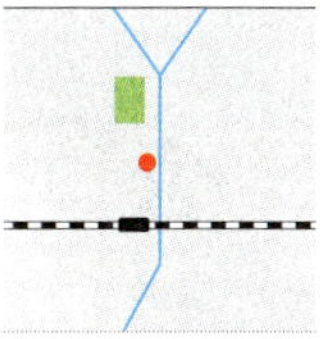

立ち飲み×本屋「レボリューションブックス」で飲み、読む！

「そろそろノドが……」と訪れた「レボリューションブックス」は、立ち飲み屋兼「食」がテーマの本屋。「安くておいしいし、本もきっちり読んで選書しているのが伝わる」と南陀楼さん。本とつまみの相乗効果か、ついつい「おかわり！」。

食の絵本が
おもしろい！

絵本にエッセイ、ルポと多彩な棚を物色。
買う本以外はカウンターで読まないのがルール。

メニューと
背表紙が最高の
つまみだね
泥鰌地獄と龍虎鳳
南條竹則
文庫書き下ろし！
この世にはまだまだ、
珍しくて美味いものがある。

左上／京橋のオカン直伝 玉子焼（ネギ入り）、380円。
左下／南條竹則の中国の食エッセイを購入。

6

19:00

1日目

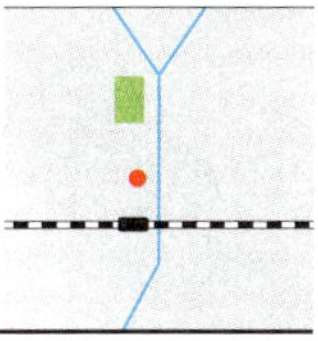

古本仲間オススメ「CAFE《カフェ》すずなり」

キッシュや
カツレツが
一皿に

古本仲間の僧侶・文筆家、扉野良人さん推薦店で締めの一杯＆ディナープレート（月替わり）。

1日目終了 ← 2日目へ

7

10:00

2日目

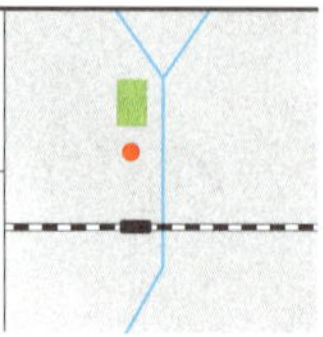

木版和装本の出版社「芸艸堂《うんそうどう》」で版画本見学

江戸期からの版木を納める蔵。『うなゐのとも』版木と摺りを見比べる。

木版和装本唯一の出版社「芸艸堂」では、若き摺り師・森光美智子さんによる、神坂雪佳《かみさかせっか》『滑稽図案』の再版の摺り上がりを拝見。現役で使われる版木を納める奥の版木蔵は宝の山。マニア垂涎《すいぜん》の郷土玩具本『うなゐのとも』の版木を発見し大興奮。

摺り師の森光さんが摺り続けている舞妓さんの絵葉書。「摺るたびに発見がある」のだそう。

8

12:00

2日目

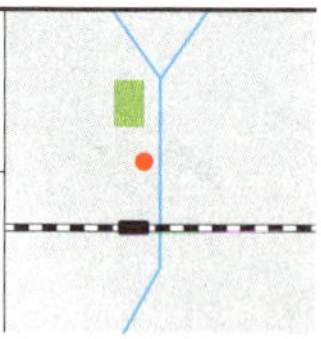

古書仲間に連れられて以来、「待ち時間に一杯」と立ち寄るように。定食屋的ステーキの「スタンド定食」ほか、中華、おつまみまで。

戦利品を抱えて「京極《きょうごく》スタンド」で定食

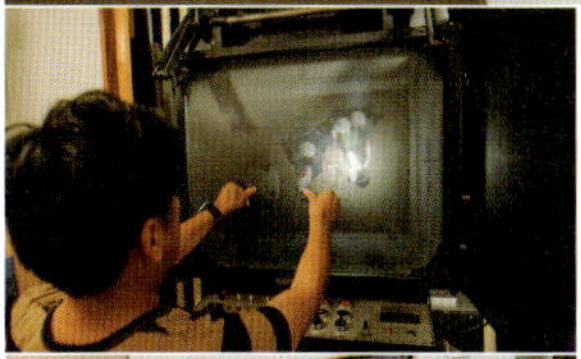

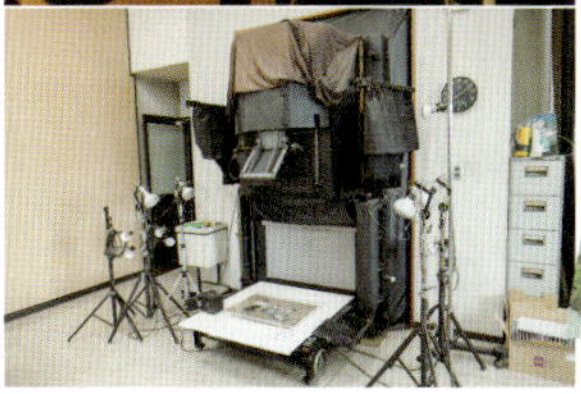

上／アカデミー受講者の作品の展示も。中・下／巨大なフィルムに作品をそのまま写し込むカメラ。撮影技師の説明も熱い！

9

13:00

2日目

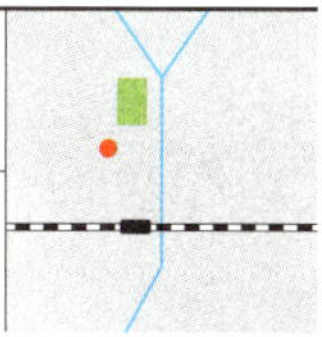

美術印刷の雄《ゆう》「便《べん》利《り》堂《どう》」で印刷の潮流を感じる

コロタイプの絵葉書も

法隆寺金堂《こんどう》壁画など貴重な資料を、「コロタイプ」で精密に複製してきた便利堂。その技術を広めようと「コロタイプアカデミー」を開校。受講一日から技術を学ぶことができ、写真の表情が一変する面白さに海外からの参加者も多いとか。

10

15:00

2日目

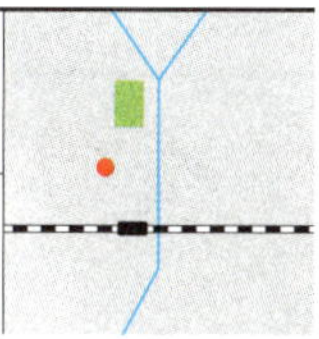

「京都《きょうと》芸術《げいじゅつ》センター」図書室でひと休み

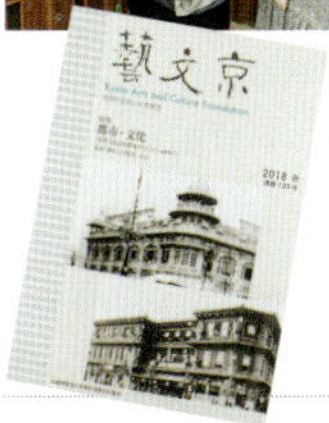

芸術センターを管理・運営する財団の機関誌『藝文京』を購入。「都市・文化」特集は、大丸・髙島屋の京都百貨店対談など充実の内容。

若いアーティストの拠点「京都芸術センター」、通称「芸セン」に「図書室があるらしい」と聞きつけ訪れた南陀楼さん。美術・演劇など芸センらしい蔵書で、アーティストも息抜きに訪れるとか。美術図録を見ながらひと休み。美しい建築、静かな環境で、しばし疲れを癒します。

閉校になった小学校の校舎を活用。昭和初期のモダンな建築も魅力。

つげ義春
ケトル
ケトル
FOR MEN

11

17:00

2日目

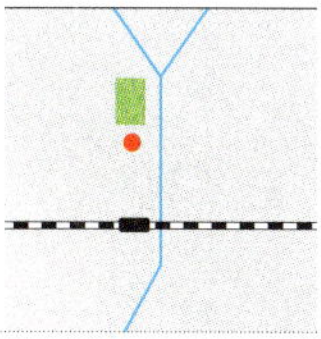

本好きが愛する「三月《さんがつ》書房《しょぼう》」で本屋談義

締めは個性派新刊書店「三月書房」。三代目店主宍《しし》戸《ど》さんは「ネット書店の隙間を縫ってきたけど、もうあかん」とぼやきつつも「どこでもある本は売れない」と、絶版本も多く揃える。「詩歌、アナキズムへの目配りが京都らしい」と南陀楼さん。この他にも古本ロード・寺町通の古本屋をめぐりました。

店主・宍戸立夫さんとの本談義はいつまでも続く。
左は購入したミニコミ２誌。特集は「水木しげるとアメコミの世界」「火野葦平と沖縄」とマニアック。

京都駅着 ← 東京へ

寺町通は古本ロード！

寺町通には硬軟さまざまな古本屋が（ヨゾラ舎は閉店）。作家・吉村昭関連のミニコミを購入。

私が出会った旅の４選

コロタイプの扇子

扇子は暑い夏の必須品。
便利堂のショップで
仙厓《せんがい》筆の「○△□」が
コロタイププリントされた扇子を
見つけて買う。

版木蔵のすき間

京都の町家は隣と
くっつくように建っている。
芸艸堂の蔵と隣の塀との
すき間からは、
夏の空が見えた。

写真・文＝南陀楼綾繁

カフェ「図書館」の看板

木屋町の細い通りで
上を見上げると、
「図書館」の赤い看板が。
何度か行ったブックカフェだが、
閉店したらしい。

フリーペーパー

今回撮影してくれた
小檜山貴裕さんが参加する
フリーペーパー『のぼりうち』。
じつは前から読んでいます。
数年ぶりの最新号。

観光後記

「わしに云わせれば、こんな暑い日に京都に来る奴はアホじゃ」。京都駅から乗ったタクシーの運転手から、いきなり手厚い歓迎の言葉をいただいた。たしかに記録的な暑さが続く最中、よりによって京都にやってくる物好きは、アホ呼ばわりされても仕方ないだろう。

二日間の取材では、熱中症を心配する編集者の判断で、歩ける距離でも極力タクシーを使ったが、なぜか嬉しそうに京都の悪口を話す運転手が二人もいた。「はんなり」とは真逆の京都の人のアクの強さを味わえた。

しかも、我々が回るのは古本屋、図書館、出版社、印刷所と、見事なまでに「本のある場所」ばかり。運転手には「本？　なんやそれ」と一言のもとに切り捨てられてしまったが。取材の合間には知り合いの古本屋にも立ち寄ったので、必然的に大荷物を抱えて炎天下を移動することになる。自業自得の苦行なのである。

そうやって汗だくで十数カ所を回って感じたのは、伝統と新しさの融合だった。

文＝南陀楼綾繁

明治創業の木版和装本の出版社・芸艸堂には、版木蔵に眠る百年以上前の版木からいまに合うものを選び、出版している。その摺り師が若い女性だというのにも驚いた。

二十年前にも取材した便利堂では、コロタイププリントの特性を生かして、写真表現を学べるアカデミーを開設していた。

レボリューションブックスの店主は、昔ながらの立ち飲み屋で働いた経験から、安くて美味い料理を出し、食に関する新刊を厳選して販売することで、顧客をつかんでいる。

本が充満した民家で古書herringを営む通称ルパンさんは、「本は世界の断片。つなぎ合わせれば、世界が分かるんだよ」と云う。

旅の最後は三月書房。いちびりな店主は「営業時間を徐々に減らしていって、そのまま消えたいわ」とぼやきつつも、本の話となるといつまでも終わらない。

過去から現在へ、そして未来を感じることができた、真夏の京都の本の旅。物好きと云われても、私は大変満足しました。まあ、できたら今度は夏以外でお願いしたいけれど。

今回のルート

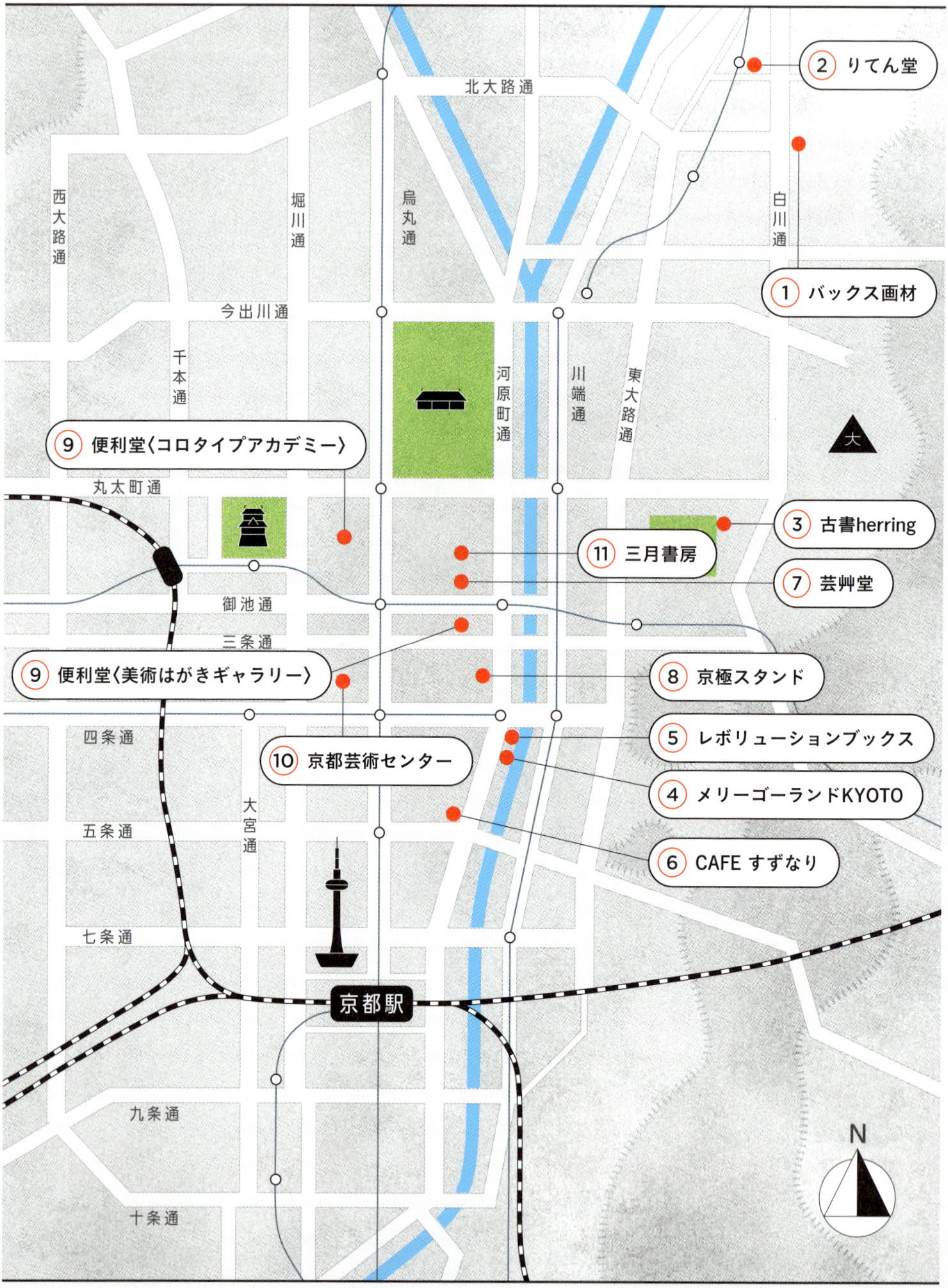

2 りてん堂
北大路通
西大路通
堀川通
烏丸通
白川通
1 バックス画材
今出川通
千本通
河原町通
川端通
東大路通
大
9 便利堂〈コロタイプアカデミー〉
丸太町通
3 古書herring
11 三月書房
7 芸艸堂
御池通
三条通
9 便利堂〈美術はがきギャラリー〉
8 京極スタンド
四条通
5 レボリューションブックス
10 京都芸術センター
4 メリーゴーランドKYOTO
大宮通
五条通
6 CAFE すずなり
七条通
京都駅
九条通
N
十条通

行ったところリスト

1日目

① バックス画材
京都市左京区一乗寺樋ノ口町11　☎ 075-781-9105　営 10時～19時　休 不定休

② りてん堂
京都市左京区一乗寺里ノ西町95　☎ 075-202-9701　営 10時～18時　休 日曜・祝日、不定休　¥ ポストカード162円(税込)

③ 古書 herring
京都市左京区岡崎南御所町40-9　☎ 070-6680-1002　営 11時～19時　休 不定休

④ メリーゴーランド KYOTO
京都市下京区河原町通四条下ル市之町251-2 寿ビル5F　☎ 075-352-5408　営 11時～19時　休 木曜

⑤ レボリューションブックス
京都市下京区西木屋町通船頭町235 集まりC号　☎ 075-341-7331　営 13時～23時　休 無休

⑥ CAFE すずなり
京都市下京区麩屋町通五条上ル下鱗形町543 有隣文化会館 1F　☎ 075-343-5211　営 11時30分～22時（L.O.）　休 月曜・隔週火曜　¥ ディナープレート950円(税込) ～

2日目

⑦ 芸艸堂
京都市中京区寺町通二条南入妙満寺前町459　☎ 075-231-3613　営 9時～17時30分　休 土・日曜、祝日　¥ 木版はがき432円(税込)

⑧ 京極スタンド
京都市中京区新京極通四条上ル中之町546　☎ 075-221-4156　営 12時～21時15分(L.O.20時45分)　休 火曜　¥ スタンド定食980円(税込)

⑨ 便利堂
〈コロタイプアカデミー〉京都市中京区新町通竹屋町下ル弁財天町302　☎ 075-231-4351　※アカデミーの申し込みはHPから
〈美術はがきギャラリー〉京都市中京区三条富小路上ル西側　☎ 075-253-0625　営 10時30分～19時30分　休 水曜　¥ 絵はがき100円(税込) ～

⑩ 京都芸術センター
京都市中京区室町通蛸薬師下ル山伏山町546-2　☎ 075-213-1000　営 10時～20時(図書室)　休 年末年始、臨時休館あり

⑪ 三月書房
京都市中京区寺町通二条上ル西側　☎ 075-231-1924　営 12時～18時　休 月・火曜

TOUR

36

HOUR

太《おお》田《た》和《かず》彦《ひこ》さんと行く

作家

いつもと同じコースの京都

今回の旅人

太《おお》田《た》和《かず》彦《ひこ》

1946年、中国・北京生まれ。
資生堂宣伝部のデザイナーを経て独立、
デザイン事務所を設立。
本業のかたわら、日本各地の酒場探訪を
ライフワークとするほかレコードや映画にも造詣が深い。
『ニッポン居酒屋放浪記』『居酒屋百名山』『シネマ大吟醸』
など著書多数。

旅のテーマ

“いつもと同じ
コースの京都”

◎太田和彦的、京都旅でこれをしたい

- ☑ いつもの居酒屋で一杯やる
- ☑ いつもの店をチェックする
- ☑ いつものお土産を買う

全国各地の酒場に精通し、
「京都へは用事がなくても来る」と語る太田さん。
聞けば、時に京都をふらりと訪ねては、
気のおもむくままに、なじみの場所を楽しむのが常とのこと。
店あり人あり、美味美酒あり、の36時間やいかに？

東京から
京都駅着

1

11:30

1日目

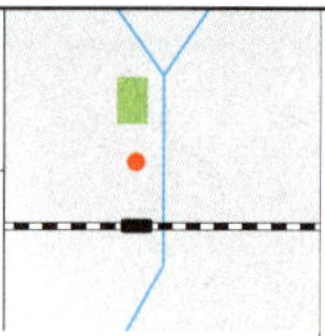

昼食に「からしそば」を「広東料理《かんとんりょうり》 鳳泉《ほうせん》」

京都最初の一食は中華。「京都の中華はあっさりして、油っこくなくてね」。お目当ては通称「からしそば」の「エビカシワソバ」。辛子《からし》をからませた中細麺に鶏肉やネギ、レタスなどが入った野菜あんをかけた一品。「辛すぎず、風味が立ってうまいねぇ」とペロリ。

太田さんの定番は「ピータンをつまみながら、からしそばを待つんです」。

2

13:00

1日目

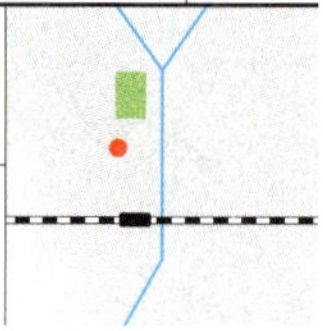

JAZZレコードを探しに「ハード・バップ」へ

昼食後は界隈をそぞろ歩き。二条・寺町通に面した「ハード・バップ」は全国有数のジャズ専門店。中古や新品、限定盤や海外オリジナル盤など多彩な品揃えで初心者もマニアも唸らせます。レコードだけで千二百枚は持っているという太田さん。お目当ての女性ボーカルの名盤をご購入！

上／50年代の女性歌手ジェリ・サザンの名盤ほか計3枚をお買い上げ。中・下／「予算は1枚上限3000円」と太田さん。お目当てを黙々と探し中。

店は、提灯の品書きと木樽が目印。

3

15:00

1日目

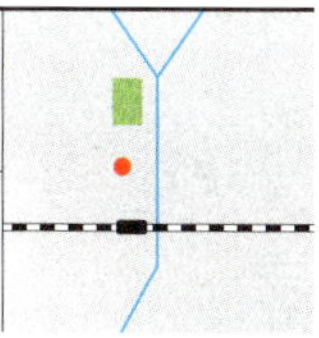

友人に会いに「錦《にしき》・高《たか》倉《くら》屋《や》」へ

いつも大盛況の錦市場商店街。その東端にある漬物屋「錦・高倉屋」の店主・井上英男《ひでお》さんは太田さんのお友達。「バッキー井上」の名で酒場ライターとして活躍する一方、立ち飲み屋を近隣に三店経営中。今春開店した新店舗を明日訪ねることに。

正午の開店時から店内は大にぎわい。喧噪もまた酒の味。下／大好物の「魚(うお)そうめん」をアテに。

4

17:00

1日目

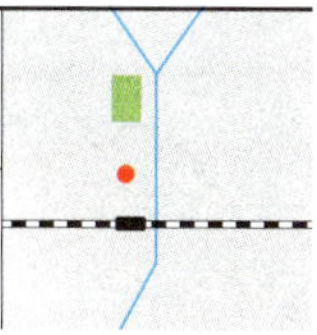

酒場1軒目は「たつみ」で立ち飲み

いつもの居酒屋、一軒目は四条河原町交差点から徒歩一分の大衆酒場「たつみ」。立ち飲み席とテーブル席があり、太田さんの定席は立ち飲みカウンターの端。壁には数百種の品書きがびっしり。旬の味を多彩に楽しめます。「価格は良心的で、仕事も丁寧。天ぷらも注文ごとに揚げていて、超良心的な店です」。

日本三大白割烹着美人女将

5

19:00

1日目

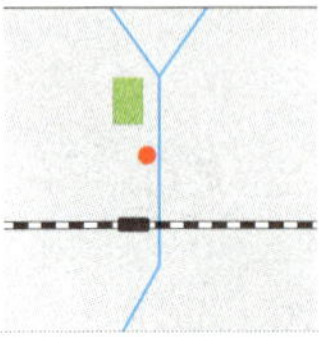

器・料理・女将とも美しい「御料理《おりょうり》 めなみ」

続く二軒目は木屋町《きやまち》三条の「御料理めなみ」。京都に来ると必ず寄る店だといいます。炒り豆腐ほか京都らしい料理あり、ラム山椒焼といった隠れた名物あり。三代目女将の勝田桜子さんは太田的「日本三大白割烹着美人女将」の一人。きびきび働く板前さんの仕事を白木のカウンター越しに眺めつつ一献。「んー、いつもの味」

創業は昭和14年(1939)。家庭料理「おばんざい」を洗練させて一品料理として出した店の先駆け。「京都に来たらぜひ」という、いいだこ旨煮(中右下)も美味。

6

21:00

1日目

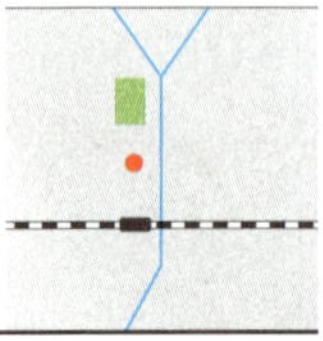

締めは「Bar《バー》 The《ザ》 Northern《ノーザン》 Lights《ライツ》」で

居酒屋では日本酒党の太田さん、バーではいつも二杯いただくとか。一杯目はジントニック、次に好みに合う二杯目を選ぶのだそう。ジン、トニックウォーター、ライムのバランスに「単純なだけに奥が深いなぁ」。

1日目終了

2日目へ

TOMATIN
KNOB
CREEK

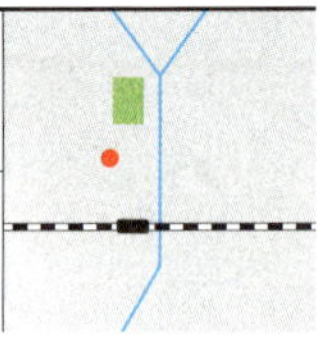

朝は必ずここで「イノダコーヒ三条《さんじょう》支《し》店《てん》」

モーニングコーヒーは「イノダコーヒ三条支店」で。「一人でカウンター席に気兼ねなく座れるし、カウンター越しの人間観察も面白いんだよ」

楕円形のカウンターは一九七〇年開店当時のままの姿。カウンター内に立つベテラン店員は、客の好みのコーヒーから、読む新聞まで覚えているとか。深煎りコーヒーの香りが満ちた店で過ごす、静かな朝のひとときです。

コロンビアのエメラルド
100g 税込 ¥600
アラビアの真珠
100g 税込 ¥600

太田さんの定番は「アラビアの真珠」。
創業当時からのブレンドで、常連の大半が注文するとか。

THE MUSEUM OF KYOTO
京都文化博物館

古きよき日本映画も大好きな太田さん、定番スポットの京都文化博物館フィルムシアターで上映予定をチェック。

京都は
独特の
セレクトが
いいね

8

12:00

2日目

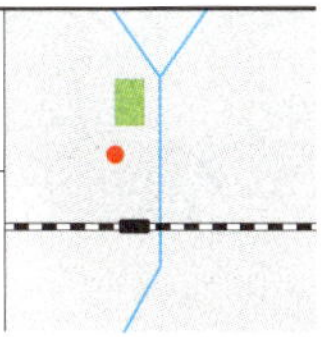

いつもの古道具探し「プロアンティークスコム」

京都文化博物館の向かいの「プロアンティークスコム」で古道具探し。店内には豆皿や大鉢ほかあらゆる生活骨董《こっとう》がずらり。「だめだ〜目移りして（笑）」とうれしい悲鳴を上げつつお買い物。

予算は１点上限2000円。
舟形の皿や酒盃など計５点お買い上げ。

9

13:00

2日目

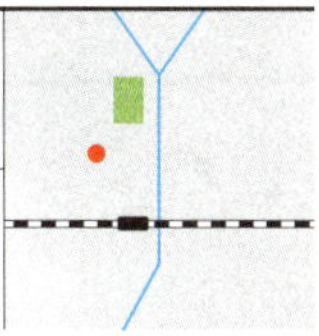

お昼は 日本三大酸《サン》辣《ラー》湯《タン》麺《メン》「膳《ぜ》處《ぜ》漢《かん》ぽっちり」

熱々のあんは「一度食べ出すと一心不乱」になる味。

二日目も昼食は中華。建築好きの太田さんが建物に惹かれて偶然入ったのが縁の店。お目当てはご自身が「日本三大酸辣湯麺の一つ」と太鼓判を捺《お》す酸辣湯麺。細麺に酸味と辛味の調和が絶妙なあんに魅了され、「初めて来たときはこれが食べたくて二日連続で通った」とか。以来、この一杯を食べるのも京都に通う理由の一つに。

元呉服店だった建物をリノベーション。入口は洋館風。

10

15:00

2日目

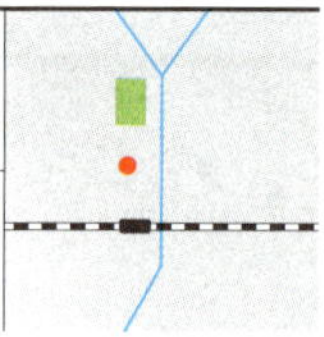

「鳥清《とり》《せい》」のローストチキン

京都の「食」土産はココ！①

ももローストチキンはぷりっとした肉感が食べごたえ十分。

「お土産は必ず買う」太田さん。「いつも」の食土産はこの二店。

錦市場に店を構える創業百余年の鶏肉専門店「鳥清」では、ローストチキンとももの照り焼き。「うまそうだなと思って買ったら、とてもおいしくて。いいアテになるんだよ」。

11

16:00

2日目

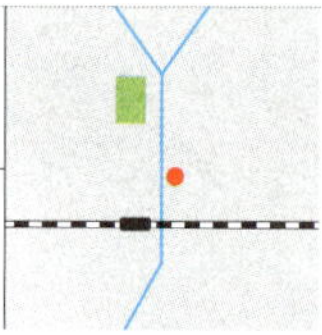

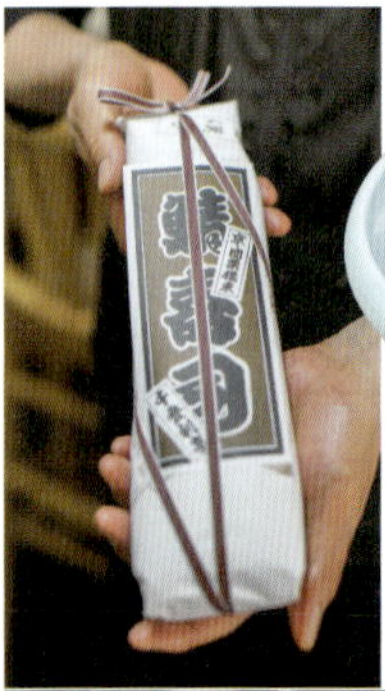

「ご主人も朴訥で好きなの。奥さんは控えめで」。店主の白子長和さん（下）は、ハラン細工の名人でもある。

京都の「食」土産はココ！②

「千《ち》登《ど》利《り》亭《てい》」の鯖《さば》棒《ぼう》寿《ず》司《し》

もうひとつは、四条南座そば、創業明治三十二年（一八九九）のすし処「千登利亭」の鯖棒寿司。鯖寿司好きの太田さん、「鯖寿司はいろいろ食べたけど、ここのが一番うまい」。一本十二切れ。肉厚な鯖とふっくらした酢飯との上品なバランス。

12

17:00

2日目

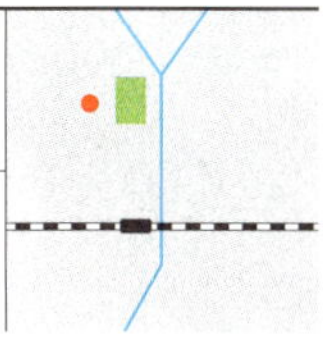

お目当ては湯豆腐
「酒場《さかば》 井倉木材《いくらもくざい》」

「酒場 井倉木材」は、その名のとおり昼は材木屋で夜は立ち飲み屋。店主の井倉康博さんが「僕なりに京都の居酒屋の湯豆腐を作り出せないか」と、日本三大居酒屋湯豆腐を食べ歩いて研究を重ね、「酒場の湯豆腐」が誕生。太田さんも「豆腐が別格」とその味に舌鼓を打ちます。秋田杉の芯材を壁にさりげなく使うなど、普請も本格派。

日本三大湯豆腐を超えた！

「酒場の湯豆腐」は
木綿豆腐なのに絹ごしのような舌ざわり。冷めても美味。

一人一丁はペロリ、だよね

京都駅着 ← 東京へ

先斗町に戻り、バッキー井上さんの経営するお店で乾杯！

13

19:00

2日目

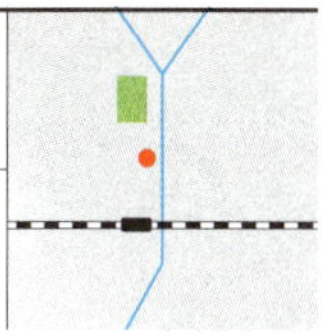

最後の乾杯は
「HAPPY STAND KYOTO《ハッピー スタンド キョウト》」

私が出会った旅の4選

「イノダコーヒ 三条支店」中庭で

いつものイノダコーヒ

三条支店中庭の彫刻。

朝日がまぶしい。

町角のポスター

京都は町に貼られた

ポスターがいい。

蛸薬師にて、自転車がポイント。

写真・文＝太田和彦

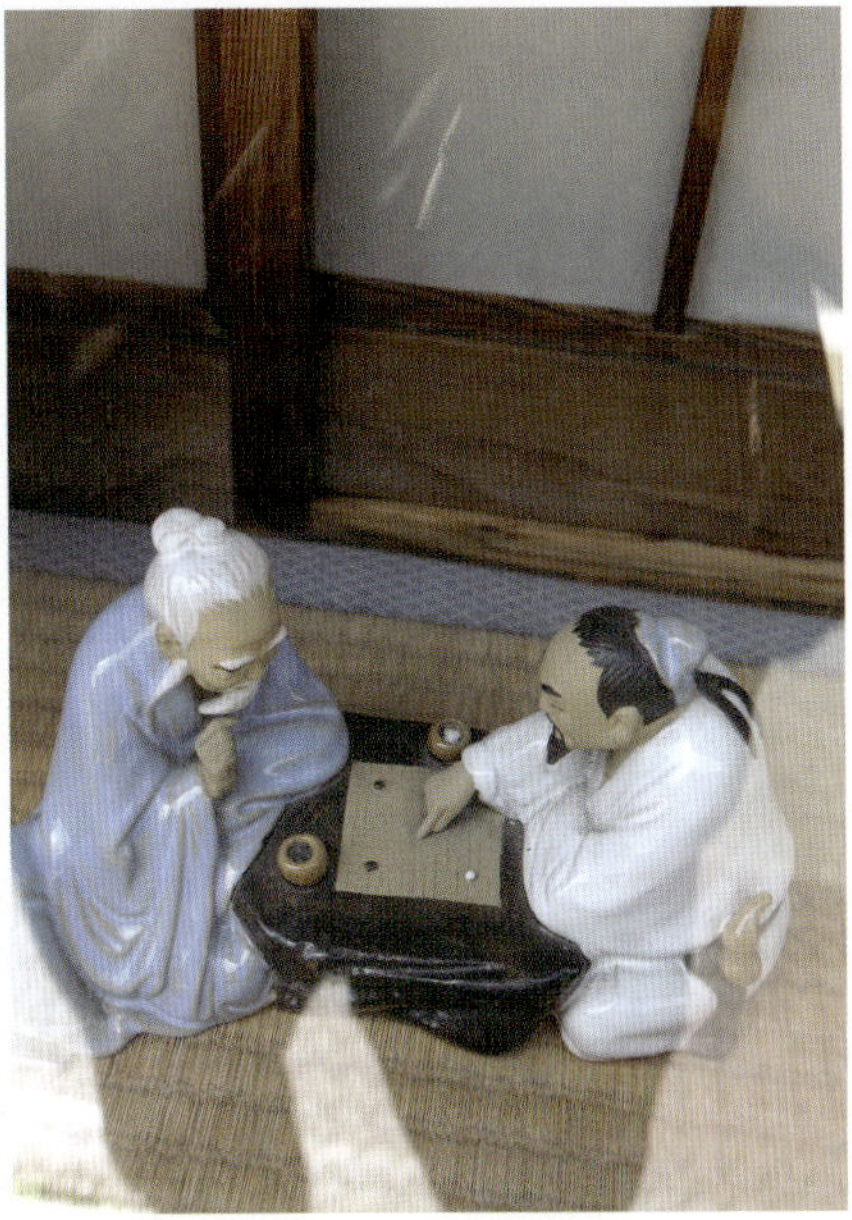

窓の中の人形

姉小路通で碁《ご》を打つ人形。
小さな店のウィンドは
どこも自慢の品を置いていて楽しい。

静かな参道

にぎやかな寺町通から
脇に入った寺の、
静かな参道。

四十歳を過ぎて京都は日常的に訪れる町になった。四条あたりにホテルをとればどこでも歩いて行け、酒が入った千鳥足でも心配ない。タクシーでも千円もしない。

再開発ビルばかりの味気ない東京とちがい、歴史の生み出した美しい町は歩く楽しみに満ち、道行く女性は着物が普通だ。ご年配は板につき、若い女性の思い切り派手なレンタル着物もこの町ならでは。東京では着物を着ても歩く通りがない。また逆に富小路《とみのこうじ》や二条あたりの小さなブティックは個性的なデザインを置いて、古都ゆえに前衛が生まれるのを見せる。

ホテルにパソコンをセットし、昼は仕事をする。つまり仕事場を移しただけだが、楽しみの一つはお昼。親子丼に加えて最近は中華ばかりで、京都中華はどこにもない味だ。

朝のコーヒーも店が決まっていて、そこで京都新聞はじめ各紙をじっくり読む。東京でこういう余裕や習慣はない。東京はスケジュールをこなす仕事の町だ。

京都文化博物館フィルムシアターの上映も楽しみだ。何も京都に来て映画と思うかもし

文＝太田和彦

れないが、歩いて行く日常感がいい。先日も溝口健二の有名でない作品を見た。私の好きな戦前モダン建築も大いなる楽しみだが、だいたい見たか。古道具屋もいくつもまわって掘り出し物を探すが、東京でこういうことはしない。京都は古い銭湯の宝庫なのも魅力だ。錦小路も必ず行き、京都に来ている実感をつくる。東北や北陸などの生活市場とはちがう観光市場だが、観光で来ているのだからそれでよい。寺町通では時々、着る物や靴などを買うこともある。東京で買い物をするのは嫌いだが、京都でそうするのは気持ちがリラックスしているのだろう。

夜になれば祇園、木屋町、先斗町、裏寺町など、長年の京都通いでつないだ顔なじみの居酒屋へ。「おこしやす」の迎えもうれしく、そこでは特に話もせず、ただ「京都で一杯やる」ことを楽しむ。

観光名所も寺社めぐりもせず、町歩きと酒、いつもすることは同じ。私の京都は、こうありたい日常生活を実践する場所なのだろう。

今回のルート

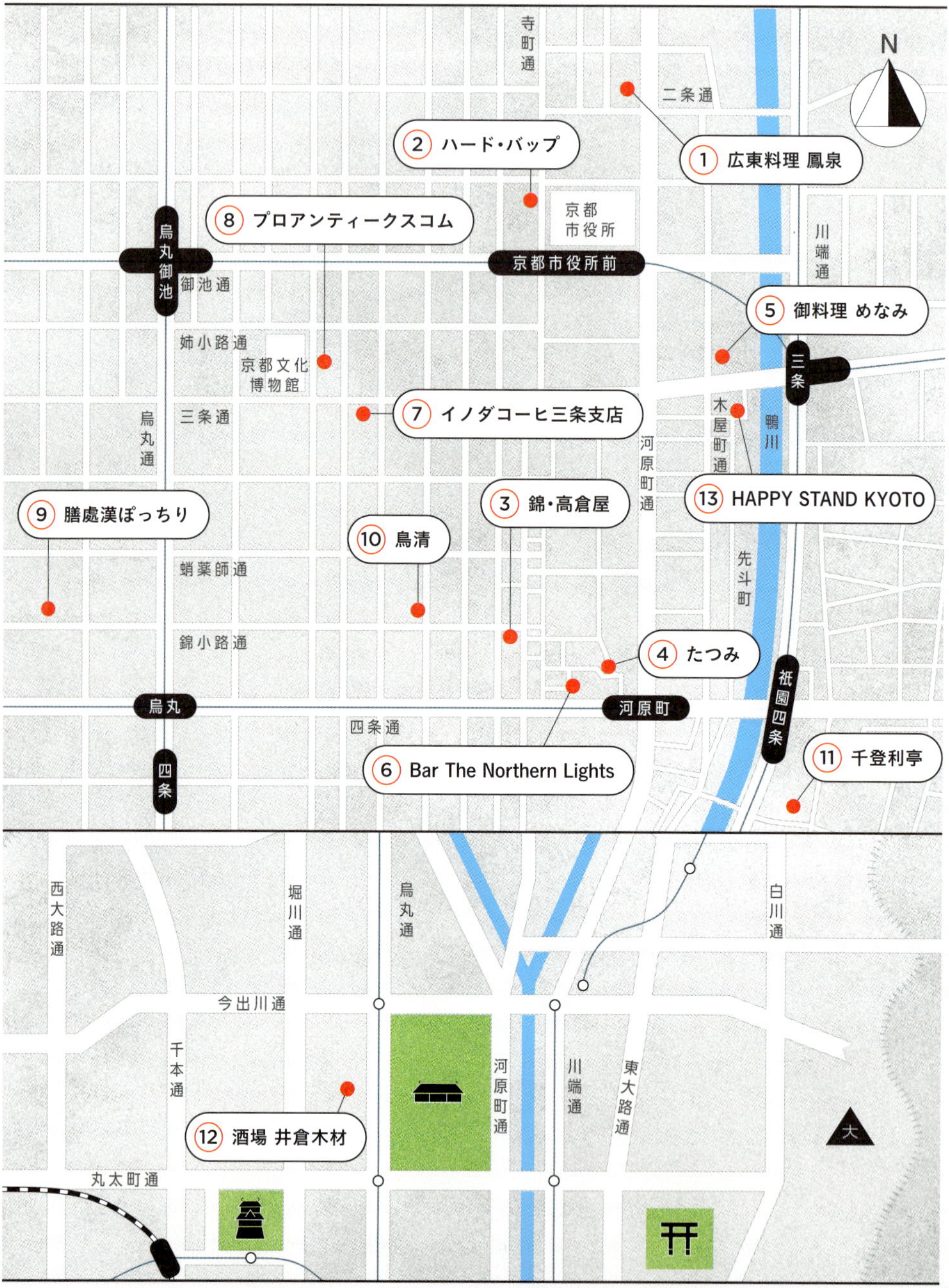

N
寺町通
二条通
1 広東料理 鳳泉
2 ハード・バップ
京都市役所
8 プロアンティークスコム
烏丸御池
京都市役所前
御池通
川端通
5 御料理 めなみ
姉小路通
京都文化博物館
三条
7 イノダコーヒ三条支店
三条通
烏丸通
木屋町通
鴨川
河原町通
9 膳處漢ぽっちり
3 錦・高倉屋
13 HAPPY STAND KYOTO
10 鳥清
蛸薬師通
先斗町
錦小路通
4 たつみ
烏丸
河原町
祇園四条
四条通
11 千登利亭
四条
6 Bar The Northern Lights
西大路通
堀川通
烏丸通
白川通
今出川通
千本通
河原町通
川端通
東大路通
12 酒場 井倉木材
大
丸太町通

行ったところリスト

1日目

① 広東料理 鳳泉

京都市中京区河原町二条上ル清水町359 AXEABビル1F ☎075-241-6288 ㊝昼11時30分～14時30分（L.O.同）夜17時～20時（L.O.同） ㊡月曜（祝日の場合は火曜休） ¥エビカシワソバ755円（税込）

② ハード・バップ

京都市中京区上本能寺前町474 日宝御池ビル1F ☎075-212-2728 ㊝12時30分～19時30分 ㊡火曜

③ 錦・高倉屋

京都市中京区東大文字町289-2 ☎075-644-7293 ㊝10時～18時30分 ㊡無休

④ たつみ

京都市中京区裏寺町通四条上ル中之町572 ☎075-256-4821 ㊝立ち飲み席12時～22時（座敷・テーブル席は21時30分まで） ㊡木曜 ¥ビール（中）470円（税込）

⑤ 御料理 めなみ

京都市中京区木屋町三条上ル中島96 ☎075-231-1095 ㊝17時～23時（L.O.22時30分） ㊡日曜（日・月連休時は月曜休） ¥いいだこ旨煮1300円（税込）

⑥ Bar The Northern Lights

京都市中京区新京極通四条上ル中之町566-23 2F ☎075-746-4894 ㊝17時～翌2時 ㊡無休 ¥ジントニック900円（税抜）

2日目

⑦ イノダコーヒ三条支店

京都市中京区三条通堺町東入桝屋町69 ☎075-223-0171 ㊝10時～20時 ㊡無休 ¥アラビアの真珠580円（税込）

⑧ プロアンティークスコム

京都市中京区三条高倉上ル東片町616 ☎075-254-7536 ㊝12時～20時 ㊡水曜・不定休

⑨ 膳處漢ぽっちり

京都市中京区天神山町283-2 ☎075-257-5766 ㊝昼11時30分～15時（L.O.14時）夜17時～23時（L.O.22時） ㊡無休 ¥酸辣湯麺1296円（税込）

⑩ 鳥清

京都市中京区錦小路通富小路西入東魚屋町186 ☎075-221-1819 ㊝7時30分～18時 ㊡水曜 ¥もも照り焼き500円（税込）

⑪ 千登利亭

京都市東山区団栗通大和大路西入六軒町203 ☎075-561-1907 ㊝11時～20時 ㊡木曜 ¥鯖棒寿司4200円（税抜）

⑫ 酒場 井倉木材

京都市上京区藪之内町77 ☎非公開 ㊝17時～23時 ㊡日曜・祝日 ¥酒場の湯豆腐350円（税込）

⑬ HAPPY STAND KYOTO

京都市中京区先斗町最北端 ☎075-744-0729 ㊝12時～25時 ㊡無休 ¥生ビール380円（税込）

撮影　小檜山貴裕(3～41、79～131、151～203、222～223頁)
有本真紀(43～59頁)
森川諒一(61～77、133～149、205～221頁)

装丁　寄藤文平＋北谷彩夏(文平銀座)

DTP　御手洗浩一(アロンデザイン)

36時間わたしの京都観光　12通りの1泊2日

2019年 3月 10日　初版発行

編　者　淡交社編集局

発行者　納屋嘉人

発行所　株式会社 淡交社
本社　〒603-8588 京都市北区堀川通鞍馬口上ル
営業　075-432-5151　編集　075-432-5161

支社　〒162-0061 東京都新宿区市谷柳町39-1
営業　03-5269-7941　編集　03-5269-1691

www.tankosha.co.jp

印刷・製本　シナノ書籍印刷株式会社

ISBN978-4-473-04291-0